AF331145

DES JEUX D'ADRESSE

ALMANACH

DU JEU

DE BILLARD

PAR

LÉON COSSON

PARIS

LIBRAIRE-ÉDITEUR

GRANDS-AUGUSTINS.

droits, d'après les traités.

BIBLIOTHÈQUE DES JEUX D'ADRESSE

ALMANACH

DU JEU

DE BILLARD

PAR

LÉON COSSON

SUIVI DES

RÈGLES DU JEU DE PAUME

PARIS

L. PASSARD, LIBRAIRE-ÉDITEUR

7, RUE DES GRANDS-AUGUSTINS.

Réserve de tous droits d'après les traités.

Imp. Pillet fils aîné, r. des Grands-Augustins, 5

CALENDRIER POUR 1859

	JANVIER.				FEVRIER.	

N. L. le 4. P. Q. le 12.
P. L. le 18 D. Q. le 25.

N. L. le 3. P. Q. le 10.
P. L. le 17. D. Q. le 24

		JANVIER.			FEVRIER.
1	sam	CIRCONCISION	1	mar	s. Ignace, **m.**
2	D.	s. Basile, év.	2	mer	PURIFICAT.
3	lun	ste Geneviève	3	jeu	s. Blaise
4	mar	s. Rigobert	4	ven	s. Gilbert.
5	mer	s. Siméon *V. J*	5	sam	ste Agathe
6	jeu	EPIPHANIE	6	D.	s. Waast
7	ven	Noces	7	lun	s. Romuald
8	sam	s. Lucien	8	mar	s. Jean de **M.**
9	D.	s. Pierre, év.	9	mer	ste Appoline
10	lun	s. Paul, erm.	10	jeu	ste Scholastiq.
11	mar	s. Théodore	11	ven	s. Séverin
12	mer	s. Arcade, m.	12	sam	ste Eulalie
13	jeu	Bapt. de J.-C.	13	D.	s. Grégoire.
14	ven	s. Hilaire	14	lun	s. Valentin
15	sam	s. Maur	15	mar	s. Faustin
16	D.	s. Guillaume	16	mer	s e Julienne.
17	lun	s. Antoine, ab.	17	jeu	s. Théodule
18	mar	Ch. s. P. à R.	18	ven	s. Siméon
19	mer	s. Sulpice, év.	19	sam	s. Gabin
20	jeu	s. Sébastien	20	D.	*Septuagésime*
21	ven	ste Agnès	21	lun	s Pépin
22	sam	s. Vincent, m.	22	mar	ste Isabelle
23	D.	s. Alph. ou Ild.	23	mer	s. Mérault.
24	lun	s. Babylas	24	jeu	s. Mathias
25	mar	C. de s. Paul	25	ven	s. Césaire.
26	mer	ste Paule	26	sam	s. Nestor
27	jeu	s. Julien	27	D.	*Sexagés.*
28	ven	s. Charlemag	28	lun	ste Honorine
29	sam	s. Franç. de S.			
30	D.	ste Bathilde			
31	lun	ste Marcèle			

1859

MARS.	AVRIL.

N. L. le 4. *P. Q. le* 12.
P. L. le 18 *D. Q. le* 26.

N. L. le 3. *P. Q. le* 10.
P. L. le 17 *D. Q. le* 25.

	MARS			AVRIL	
1	mar	s. Aubin	1	ven	s. Hugues
2	mer	s. Simplice	2	sam	s. Franç. de P.
3	jeu	ste Cunégonde	3	D.	LÆTARE
4	ven	s. Casimir.	4	lun	s. Ambroise
5	sam	s. Adrien	5	mar	s. Albert
6	D.	*Quinquagési.*	6	mer	ste Prudence
7	lun	s. Thom. d'A.	7	jeu	s. Clotaire.
8	mar	*Mardi gras*	8	ven	s. Edèse
9	mer	CENDRES	9	sam	ste Marie, Eg.
10	jeu	s. Blanchard	10	D.	PASSION
11	ven	s. Euloge.	11	lun	ste Godeberte
12	sam	s. Paul, év.	12	mar	s. Jules
13	D.	*Quadragésim.*	13	mer	s. Marcelin
14	lun	s. Lubin	14	jeu	s. Tiburce
15	mar	s. Zacharie	15	ven	s. Maxime
16	mer	s. Cyriaq. 4 T.	16	sam	s. Paterne.
17	jeu	ste Gertr. 4 T.	17	D.	RAMEAUX
18	ven	s. Alexan. 4 T.	18	lun	s. Parfait
19	sam	s. Joseph	19	mar	s. Léon
20	D.	REMINISCERE	20	mer	s. Théotime
21	lun	s. Benoît	21	jeu	s. Anselme
22	mar	s. Emile	22	ven	VENDREDI S.
23	mer	s. Victorien	23	sam	s. Georges
24	jeu	s. Simon, m.	24	D.	PAQUES
25	ven	*Annonciation*	25	lun	s. Marc évang.
26	sam	s. Ludger.	26	mar	s. Clet
27	D.	OCULI.	27	mer	s. Polycarpe
28	lun	ste Dorothée	28	jeu	s. Vital.
29	mar	s. Gontran	29	ven	s. Robert
30	mer	s. Rieul	30	sam	s. Eutrope
31	jeu	ste Balbine			

1859

	MAI.			JUIN.	

<table>
<tr><td colspan="3">N. L. le 2. P. Q. le 9.
P. L. le 16. P. Q. le 24.</td><td colspan="3">N. L. le 1. P. Q. le 7. P. L.
le 15. D. Q. le 23. N. L. le 30.</td></tr>
<tr><td>1</td><td>D.</td><td>QUASIMODO</td><td>1</td><td>mer</td><td>s. Pamphile</td></tr>
<tr><td>2</td><td>lun</td><td>s. Athanase.</td><td>2</td><td>jeu</td><td>ASCENSION</td></tr>
<tr><td>3</td><td>mar</td><td>Inv. ste Croix</td><td>3</td><td>ven</td><td>ste Clotilde</td></tr>
<tr><td>4</td><td>mer</td><td>ste Monique</td><td>4</td><td>sam</td><td>s. Optat</td></tr>
<tr><td>5</td><td>jeu</td><td>Conv. s. Aug.</td><td>5</td><td>D.</td><td>s. Boniface</td></tr>
<tr><td>6</td><td>ven</td><td>s. Jean-P.-Lat.</td><td>6</td><td>lun</td><td>s. Claude, év.</td></tr>
<tr><td>7</td><td>sam</td><td>s. Stanislas</td><td>7</td><td>mar</td><td>s. Lié</td></tr>
<tr><td>8</td><td>D.</td><td>ste Désirée</td><td>8</td><td>mer</td><td>s. Médard</td></tr>
<tr><td>9</td><td>lun</td><td>Tran. s. Nic.</td><td>9</td><td>jeu</td><td>ste Pélagie</td></tr>
<tr><td>10</td><td>mar</td><td>s. Gordien</td><td>10</td><td>ven</td><td>s. Landri</td></tr>
<tr><td>11</td><td>mer</td><td>s. Mamert</td><td>11</td><td>sam</td><td>s. Barnabé V. J</td></tr>
<tr><td>12</td><td>jeu</td><td>s. Pancrace</td><td>12</td><td>D.</td><td>PENTECOTE</td></tr>
<tr><td>13</td><td>ven</td><td>s. Servais</td><td>13</td><td>lun</td><td>s. Antoine de P.</td></tr>
<tr><td>14</td><td>sam</td><td>s. Pacôme</td><td>14</td><td>mar</td><td>s. Ruffin</td></tr>
<tr><td>15</td><td>D.</td><td>s. Isidore</td><td>15</td><td>mer</td><td>s. Modeste. 4 T.</td></tr>
<tr><td>16</td><td>lun</td><td>s. Honoré</td><td>16</td><td>jeu</td><td>s. Cyr</td></tr>
<tr><td>17</td><td>mar</td><td>s. Pascal</td><td>17</td><td>ven</td><td>s. Avit. 4 T.</td></tr>
<tr><td>18</td><td>mer</td><td>s. Venance</td><td>18</td><td>sam</td><td>ste Marine 4 T.</td></tr>
<tr><td>19</td><td>jeu</td><td>s. Yves</td><td>19</td><td>D.</td><td>TRINITÉ</td></tr>
<tr><td>20</td><td>ven</td><td>s. Bernardin</td><td>20</td><td>lun</td><td>s. Sylvère</td></tr>
<tr><td>21</td><td>sam</td><td>s. Sospis</td><td>21</td><td>mar</td><td>s. Leufroi</td></tr>
<tr><td>22</td><td>D.</td><td>ste Julie.</td><td>22</td><td>mer</td><td>s. Paulin</td></tr>
<tr><td>23</td><td>lun</td><td>s. Didier</td><td>23</td><td>jeu</td><td>FÊTE-DIEU V. J</td></tr>
<tr><td>24</td><td>mar</td><td>s. Donatien</td><td>24</td><td>ven</td><td>NAT. de S. J.-B.</td></tr>
<tr><td>25</td><td>mer</td><td>s. Urbain</td><td>25</td><td>sam</td><td>s. Prosper</td></tr>
<tr><td>26</td><td>jeu</td><td>s. Quadrat.</td><td>26</td><td>D.</td><td>s. Babolein</td></tr>
<tr><td>27</td><td>ven</td><td>s. Hildevert.</td><td>27</td><td>lun</td><td>s. Crescent</td></tr>
<tr><td>28</td><td>sam</td><td>s. Germain</td><td>28</td><td>mar</td><td>s. Loubert V. J.</td></tr>
<tr><td>29</td><td>D.</td><td>s. Maximin</td><td>29</td><td>mer</td><td>s. Pierres-Pu</td></tr>
<tr><td>30</td><td>lun</td><td>Rogations</td><td>30</td><td>jeu</td><td>Com. s. Paul.</td></tr>
<tr><td>31</td><td>mar</td><td>ste Pétronille</td><td></td><td></td><td></td></tr>
</table>

1859

JUILLET.			AOUT.		

P. Q. le 7. P. L. le 15.
D. Q. le 23. N. L. le 29.   P. Q. le 5. P. L. le 13.
D. Q. le 21. N. L. le 28.

	JUILLET			AOUT	
1	ven	ste Eléonore	1	lun	ste Sophie
2	sam	*Visita. N.-D.*	2	mar	s Etienne, p.
3	D.	s. Thierry	3	mer	ste Lydie
4	lun	ste Berthe	4	jeu	s Dominique
5	mar	ste Zoé	5	ven	s Yon
6	mer	s Tranquille	6	sam	Tr. de J. C.
7	jeu	ste Aubierge	7	D.	s Gaëtan
8	ven	s. Procope.	8	lun	s Justin, m.
9	sam	s. Cyrille.	9	mar	s Amour
10	D.	ste Félicité	10	mer	s Laurent, m.
11	lun	Tr. s. Benoît.	11	jeu	ste Suzanne
12	mar	s Gualbert	12	ven	ste Claire
13	mer	s Eugène	13	sam	s Hippol. *V. J.*
14	jeu	s Bonaventure	14	D.	s. Guer.
15	ven	s Henri	15	lun	ASS. NAPOL.
16	sam	s Eustate	16	mar	s Roch
17	D.	s Alexis	17	mer	s Mammès
18	lun	s. Clair, év.	18	jeu	ste Hélène
19	mar	s V. de Paul	19	ven	s Louis, évêq.
20	mer	ste Marguerite	20	sam	s Bernard, A.
21	jeu	s Victor	21	D.	s Privat
22	ven	ste Madeleine	22	lun	s Symphorien
23	sam	s Apollinaire	23	mar	s Sidoine
24	D.	ste Christine	24	mer	s Barthélemy
25	lun	s Jacq. le M.	25	jeu	s Louis, roi
26	mar	Tr. de s. Marc.	26	ven	s Zéphirin
27	mer	s Pantaléon	27	sam	s Césaire
28	jeu	ste Anne	28	D.	s Augustin
29	ven	ste Marthe	29	lun	s Médéric
30	sam	s. Abdon	30	mar	s Fiacre
31	dim	s Germ. l'Aux.	31	mer	s Ovide

1859

SEPTEMBRE.			OCTOBRE.		

<table>
<tr><td colspan="3">P. Q. le 4. P. L. le 12.
D. Q. le 19. N. L. le 26.</td><td colspan="3">P. Q. le 3. P. L. le 12.
D. Q. le 19. N. L. le 26.</td></tr>
<tr><td>1</td><td>jeu</td><td>s Leu. s Gilles</td><td>1</td><td>sam</td><td>s Remi</td></tr>
<tr><td>2</td><td>ven</td><td>s. Lazare</td><td>2</td><td>D.</td><td>SS. Ang. gard.</td></tr>
<tr><td>3</td><td>sam</td><td>s. Grégoire</td><td>3</td><td>lun</td><td>s Cyprien</td></tr>
<tr><td>4</td><td>D.</td><td>ste Rosalie</td><td>4</td><td>mar</td><td>s Franç. d'Ass.</td></tr>
<tr><td>5</td><td>lun</td><td>s Bertin, ab.</td><td>5</td><td>mer</td><td>s Constant</td></tr>
<tr><td>6</td><td>mar</td><td>s Eleuthère</td><td>6</td><td>jeu</td><td>s Bruno</td></tr>
<tr><td>7</td><td>mer</td><td>s Cloud</td><td>7</td><td>ven</td><td>s Serge</td></tr>
<tr><td>8</td><td>jeu</td><td>Nat. de N.-D.</td><td>8</td><td>sam</td><td>s Thais</td></tr>
<tr><td>9</td><td>ven</td><td>s Omer</td><td>9</td><td>D.</td><td>s Denis</td></tr>
<tr><td>10</td><td>sam</td><td>ste Pulchérie.</td><td>10</td><td>lun</td><td>s Paulin</td></tr>
<tr><td>11</td><td>D.</td><td>s Hyacinthe</td><td>11</td><td>mar</td><td>s Gomer</td></tr>
<tr><td>12</td><td>lun</td><td>s. Raphaël</td><td>12</td><td>mer</td><td>s Wilfrid</td></tr>
<tr><td>13</td><td>mar</td><td>s Maurille</td><td>13</td><td>jeu</td><td>s Gérant</td></tr>
<tr><td>14</td><td>mer</td><td>Ex. de la S.-C.</td><td>14</td><td>ven</td><td>s Caliste</td></tr>
<tr><td>15</td><td>jeu</td><td>s. Lubin</td><td>15</td><td>sam</td><td>ste Thérèse</td></tr>
<tr><td>16</td><td>ven</td><td>s Corneille</td><td>16</td><td>D.</td><td>s Gal.</td></tr>
<tr><td>17</td><td>sam</td><td>s Lambert</td><td>17</td><td>lun</td><td>s Cerbonet</td></tr>
<tr><td>18</td><td>D.</td><td>s. J.-Chrisos.</td><td>18</td><td>mar</td><td>s Luc, évang.</td></tr>
<tr><td>19</td><td>lun</td><td>s Janvier.</td><td>19</td><td>mer</td><td>s Savinien</td></tr>
<tr><td>20</td><td>mar</td><td>s Eustache</td><td>20</td><td>jeu</td><td>s Caprais</td></tr>
<tr><td>21</td><td>mer</td><td>s Matth. 4 T.</td><td>21</td><td>ven</td><td>ste Ursule</td></tr>
<tr><td>22</td><td>jeu</td><td>s. Maurice</td><td>22</td><td>sam</td><td>s Mellon</td></tr>
<tr><td>23</td><td>ven</td><td>ste Thècle 4 T.</td><td>23</td><td>D.</td><td>s Hilarion</td></tr>
<tr><td>24</td><td>sam</td><td>s Andoche 4 T.</td><td>24</td><td>lun</td><td>s Magloire</td></tr>
<tr><td>25</td><td>D.</td><td>s Firmin</td><td>25</td><td>mar</td><td>s Crép et s Cr.</td></tr>
<tr><td>26</td><td>lun</td><td>ste Justine</td><td>26</td><td>mer</td><td>s Rustique</td></tr>
<tr><td>27</td><td>mar</td><td>s Côme et s D.</td><td>27</td><td>jeu</td><td>s Frumence</td></tr>
<tr><td>28</td><td>mer</td><td>s. Venceslas</td><td>28</td><td>ven</td><td>s Sim. s Jude</td></tr>
<tr><td>29</td><td>jeu</td><td>s Michel, arch.</td><td>29</td><td>sam</td><td>s Faron</td></tr>
<tr><td>30</td><td>ven</td><td>s Jérôme</td><td>30</td><td>D.</td><td>s Lucain</td></tr>
<tr><td></td><td></td><td></td><td>31</td><td>lun</td><td>s Quentin V. J.</td></tr>
</table>

1359

<table>
<tr><td colspan="3">NOVEMBRE.</td><td colspan="3">DECEMBRE.</td></tr>
<tr><td colspan="3">P. Q. le 2. P. L. le 10
D. Q. le 17. N. L. le 24.</td><td colspan="3">P. Q. le 2. P. L. le 10.
D. Q. le 16. N. L. le 24.</td></tr>
<tr><td>1</td><td>mar</td><td>TOUSSAINT</td><td>1</td><td>jeu</td><td>s Eloi</td></tr>
<tr><td>2</td><td>mer</td><td>Les Morts</td><td>2</td><td>ven</td><td>s F. Xavier.</td></tr>
<tr><td>3</td><td>jeu</td><td>s Marcel</td><td>3</td><td>sam</td><td>s Eloque</td></tr>
<tr><td>4</td><td>ven</td><td>s Charl. Borr.</td><td>4</td><td>D</td><td>ste Barbe</td></tr>
<tr><td>5</td><td>sam</td><td>s Zacharie</td><td>5</td><td>lun</td><td>s Sabas</td></tr>
<tr><td>6</td><td>D.</td><td>s Léonard</td><td>6</td><td>mar</td><td>s Nicolas</td></tr>
<tr><td>7</td><td>lun</td><td>s Florent</td><td>7</td><td>mer</td><td>ste Fare</td></tr>
<tr><td>8</td><td>mar</td><td>stes Reliques</td><td>8</td><td>jeu</td><td>CONCEPTION</td></tr>
<tr><td>9</td><td>mer</td><td>s Mathurin</td><td>9</td><td>ven</td><td>ste Gorgonie</td></tr>
<tr><td>10</td><td>jeu</td><td>s Just</td><td>10</td><td>sam</td><td>ste Valère</td></tr>
<tr><td>11</td><td>ven</td><td>s Martin</td><td>11</td><td>D.</td><td>s Daniel</td></tr>
<tr><td>12</td><td>sam</td><td>s René</td><td>12</td><td>lun</td><td>s Valéry</td></tr>
<tr><td>13</td><td>D.</td><td>s Brice</td><td>13</td><td>mar</td><td>ste Luce</td></tr>
<tr><td>14</td><td>lun</td><td>s Bertrand</td><td>14</td><td>mer</td><td>s Nicaise Q. T</td></tr>
<tr><td>15</td><td>mar</td><td>s Malo</td><td>15</td><td>jeu</td><td>s Mesmin</td></tr>
<tr><td>16</td><td>mer</td><td>s Edme</td><td>16</td><td>ven</td><td>ste Adélaï. 4 T.</td></tr>
<tr><td>17</td><td>jeu</td><td>s Agnan</td><td>17</td><td>sam</td><td>ste Olymp. 4 T.</td></tr>
<tr><td>18</td><td>ven</td><td>ste Odes</td><td>18</td><td>D.</td><td>s Gatien</td></tr>
<tr><td>19</td><td>sam</td><td>ste Elisabeth r.</td><td>19</td><td>lun</td><td>s Timothée</td></tr>
<tr><td>20</td><td>D.</td><td>s Edmond</td><td>20</td><td>mar</td><td>s Philogone</td></tr>
<tr><td>21</td><td>lun</td><td>Prés. de N.-D.</td><td>21</td><td>mer</td><td>s Thomas</td></tr>
<tr><td>22</td><td>mar</td><td>ste Cécile</td><td>22</td><td>jeu</td><td>s Honorat</td></tr>
<tr><td>23</td><td>mer</td><td>s Clément</td><td>23</td><td>ven</td><td>ste Victoire</td></tr>
<tr><td>24</td><td>jeu</td><td>s Séverin</td><td>24</td><td>sam</td><td>se Delphine V. J.</td></tr>
<tr><td>25</td><td>ven</td><td>ste Catherine</td><td>25</td><td>D.</td><td>NOEL</td></tr>
<tr><td>26</td><td>sam</td><td>ste Genev. A.</td><td>26</td><td>lun</td><td>s Etienne, m.</td></tr>
<tr><td>27</td><td>D.</td><td>1er D. Avent</td><td>27</td><td>mar</td><td>s Jean, évang.</td></tr>
<tr><td>28</td><td>lun</td><td>s. Sosthène</td><td>28</td><td>mer</td><td>saints Innoc.</td></tr>
<tr><td>29</td><td>mar</td><td>s Saturnin</td><td>29</td><td>jeu</td><td>s Trophime.</td></tr>
<tr><td>30</td><td>mer</td><td>s André</td><td>30</td><td>ven</td><td>s Sabin</td></tr>
<tr><td></td><td></td><td></td><td>31</td><td>sam</td><td>s Sylvestre</td></tr>
</table>

AVANT-PROPOS

Le billard est originaire d'Angleterre. Il tire son nom de la queue (*Billiart* par corruption de *Balyards*) qui sert à pousser les billes.

Cette invention est fort ancienne. Le billard qui commença par n'être qu'une simple table de bois nue, en pente et hérissée de pointes et d'arceaux de fer comme on en voit encore sur les billards chinois, devint avec le temps, le progrès industriel et surtout l'art apporté dans l'exercice du jeu, le plus joli meuble en même temps que le plus bel instrument dont pussent s'armer les maisons particulières aussi bien que les cafés.

Avec la disparition des arceaux de fer, arriva l'idée de redresser la table du billard. Le bruit que faisaient les billes en roulant, nécessita le besoin de la recouvrir d'un tapis; et quatre blouses d'abord (celles des quatre coins), puis deux autres (celles du milieu), vinrent, en augmentant les difficultés, préparer l'adresse dans laquelle chacun cherche à se dépasser aujourd'hui, pour atteindre à une perfection que la découverte des procédés et des effets vint reculer indéfiniment, car personne n'a trouvé encore le dernier secret du billard.

Depuis quelques années, depuis surtout l'espèce d'interdit mis sur le jeu de la poule par la police de Paris, il est rare de trouver dans cette capitale ainsi que dans la plupart des grandes villes, un billard dont les blouses n'aient pas été supprimées.

Bien que favorable à la partie du *carambolage*, cette innovation ne peut qu'être regrettable, attendu que la partie *française*, celle de la *perte* jouée de préférence en Angleterre, la partie *italienne* et la partie *russe*, offrent aux joueurs habiles autant et même plus de complications que le carambolage simple, puisque, admis dans presque toutes ces parties, il en double l'intérêt et la difficulté.

Il serait donc désirable, et c'est le vœu que nous formons ici, nous écrivons même ce petit livre en conséquence; il serait désirable, disons-nous, de voir rendre au billard ses six blouses sans nuire au carambolage que leur suppression favorise, en perfectionnant les tampons mobiles que nous vîmes à l'Exposition de 1849 (1).

Le carambolage est la partie la plus attrayante, nous le reconnaissons. Nous ajouterons même qu'il est indispensable d'en apprécier toutes les difficultés, d'en étudier et approfondir toutes les combinaisons et de la jouer avec le talent qu'elle exige pour pouvoir exceller dans tous les jeux adoptés au billard; mais la partie française, celle que jouaient nos pères, exigeait encore plus de précision que le carambolage; et nous n'hésitons pas à croire que tels de ces grands maîtres du jour qui excellent dans l'art de se ménager deux ou trois bandes pour réussir un carambolage manqué directement, se-

---

(1) Il se trouvait à cette exposition un billard présentant le double avantage de pouvoir ouvrir ou fermer à la fois toutes les blouses au moyen d'une clef. La seule imperfection de ce mécanisme ne consistait que dans le rassemblage des tampons avec la table. On voit donc qu'il resterait peu à faire aujourd'hui.

raient fort en peine de bloquer une bille avec le même succès.

L'enfilade de la rouge n'avait rien de moins difficile que la conservation d'une *série*, et les nombreux spectateurs des Paysans d'autrefois n'étaient pas moins émerveillés en leur voyant faire cinquante ou soixante billes rouges de suite, que ne le sont pour la série ceux qui s'extasient devant les Bergers d'aujourd'hui.

D'ailleurs, il faut en convenir, le carambolage seul en est arrivé à devenir monotone, en raison de la perfection donnée au billard et des progrès trop faciles qu'y ont fait les joueurs.

A part quelques tours de force de la compétence des professeurs seulement, les difficultés n'y sont plus assez nouvelles et multipliées, et il est nécessaire de revenir au premier jeu abandonné pour le carambolage, ce que comprennent parfaitement du reste les jeunes gens du quartier latin, qui jouent le plus souvent maintenant la partie *russe*, la partie *italienne* et quelquefois le *même*.

Après les simples difficultés du même viennent celles du *doublet* et de la *bricole*.

Au même, au doublet et à la bricole s'allie la science des effets et des angles particuliers au carambolage.

Au lieu d'un point par coup se présente la tentative émouvante des coups de 4, des coups de 5 et du coup de 7.

L'ambition des joueurs y devient le stimulant des véritables difficultés, et c'est alors qu'au lieu d'être restreint au jeu incomplet, mais indispensable que tout le monde exécute aujourd'hui presque avec le même succès, le billard redeviendra positivement un art dont la perfectibilité sera d'autant plus méritoire à conquérir qu'elle offrira plus de calculs et de complications.

TABLE

RÈGLES

DU

JEU DE BILLARD

TERMES GÉNÉRAUX DU JEU DE BILLARD.

Il y a pour tous les jeux du billard une foule d'expressions qu'il est indispensable de faire connaître au lecteur avant le développement des différentes parties qui s'y jouent; nous les donnons ici dans leur ordre alphabétique.

ACQUIT. — Terme de la poule, de la partie Italienne, de la partie Russe, etc.

Donner l'acquit consiste à pousser ou placer sa bille sans qu'elle touche à une autre, selon les conditions et aux distances propres aux différentes parties où il est nécessaire.

Le joueur qui le suit doit jouer sur la bille de l'acquit dans tous les cas.

BANDER. — Se dit d'une bille qui touche une ou plusieurs bandes.

BAS. — (Voyez *Coup de bas.*)

BATONNER. — (Voyez *Fausse queue.*)

BELLE. — Partie qui décide du gain ou de la perte d'autres parties gagnées en nombre égal par chacun des joueurs. Et communément, la troisième de celle dite : *partie liée.* (Voyez ce mot.)

BILLARD (se mettre en).—Se maintenir scrupuleusement pour jouer, dans l'espace du *quartier* (voyez ce mot), de manière à ce que l'adversaire puisse prolonger avec sa queue, la ligne des grandes bandes.

Ce mot s'emploie également pour appeler les joueurs de poule autour du billard avant le tirage des numéros (Voyez *Poule*).

BILLARDER. — (Voyez *Queuter*).

BLOQUER.—Se dit d'une bille faite au même, vigoureusement et avec précision.

BLOUSE. — Nom des six trous du billard.

BRICOLE. — Action de toucher une ou plusieurs bandes avant les billes.

CADETTE. — Queue un peu moins longue que la grande queue.

CARAMBOLER. — Action de toucher ensemble ou l'une après l'autre, deux billes avec la sienne.

COLLER. — Se dit d'une bille placée le long d'une bande. *Coller sous bande,* s'emploie lorsqu'il n'y a aucun intervalle entre la bande et la bille.

COMMANDE. — Partie de convention qui consiste à désigner à l'adversaire, à chaque coup, les points et carambolages qu'il doit faire, les blouses où il doit faire belle, les bandes qu'il doit toucher, etc.

COMMANDER. — Privilége qu'a de jouer ou de faire jouer le premier coup le joueur le plus rapproché de la bande du bas, après le tirage au sort qui précède une partie. (Voyez *Tirer.*)

CONFIANCE [jouer de]. — Jouer de confiance, c'est-à-dire fort doucement.

CONTRE. — Rencontre de sa bille avec celle jouée quand l'une ou l'autre ou les deux ensemble ont touché une bande.

CORDER [se]. — Obligation de se maintenir sur

ou en deçà de la ligne de démarcation du quartier. Ce mot s'emploie en raison de l'usage que l'on fait d'une ficelle pour savoir, quand il y a doute, si une bille est sortie ou rentrée.

COULER. — Faire suivre à sa bille, et avec une vitesse égale, la même ligne ou à peu près que celle sur laquelle on jouait.

COUP DUR. — Diffère du contre en ce que la bille jouée était collée à la bande avant de pousser la sienne.

COUP DE BAS. — Consiste dans l'obligation où est un joueur en main de donner un *manque de touche* (voyez ce mot) ou de jouer la bricole quand les autres billes sont rentrées. Voyez *Rentrer*.)

DOUBLER. — Action de faire toucher une ou plusieurs bandes à la bille jouée avant de la faire.

FAIRE. — Faire une bille, c'est l'introduire dans une blouse.

FAIRE [à]. (Voyez *Prendre à faire*.)

FAUSSE QUEUE. — Se dit d'une bille envoyée de côté par un coup de queue donné de travers ou par le glissement du procédé.

FIN [jouer.] — Effleurer la bille jouée. Demi ou trois quarts fin, c'est la toucher un peu plus ou un peu moins vers son extrémité.

Haut. —.Haut du billard, c'est-à-dire l'opposé du quartier.

Houlette. — Queue en forme de houlette dont on se sert pour appuyer ou faire glisser la sienne, lorsqu'on a sa bille trop éloignée par rapport au coup à jouer.

Main [être en]. — Obligation de jouer dans le quartier quand on a sa bille dans la main à la suite d'une perte ou quand elle vient d'être faite.

Manche. — Nom des deux premières parties de celle dite *partie liée*. Avoir la première manche, c'est avoir gagné la première partie; être manche à manche, signifie que les adversaires en ont gagné chacun une, et alors on joue *la belle* .(Voyez ce mot.)

Manque de touche. — (Voyez *Toucher*.)

Même. — Se dit d'une bille faite ou à faire sans toucher aucune bande.

Mort.—Terme de la poule. Joueur qui a été marqué le nombre de fois convenu pour perdre.

Mouche. — Rond en taffetas collé sur le billard pour marquer la place des billes.

Partie liée. — Convention de faire deux ou trois parties pour une. Le gain des deux premières met fin à la partie. N'en gagner

qu'une des deux et l'adversaire l'autre, nécessite *la belle*. (Voyez ce mot.) **A trois**
joueurs. La partie liée peut être de quatre
puisqu'il faut qu'un joueur à lui seul en gagne deux.

PÉNITENCE. — Terme de poule. Mouche
placée à 16 centimètres au-dessous de la petite bande du haut.

PERDRE [se].—Se dit de la bille du joueur,
qui tombe dans une blouse ou en dehors du
billard après avoir touché ou sans avoir touché les billes.

PERTE. — Même signification que ci-dessus.
Nom d'une partie spéciale.

PLEIN [jouer]. — Toucher la bille au centre qu'elle présente. Demi ou trois quarts
plein, c'est la frapper un peu plus ou un peu
moins en dehors du centre.

POINT. — Mouches sur lesquelles se mettent les billes.

POUCES [six]. — Espace mesuré en demi-
cercle autour de la mouche du bas, et dans le
quartier même.

PRENDRE A FAIRE. — Terme de poule qui
trouvera sa signification au chapitre de ce jeu.

QUARTIER. — Espace compris depuis le bas

du billard jusqu'à la ligne transversale qui va de l'une à l'autre des deux grandes bandes en passant sur la mouche autour de laquelle sont mesurés les six pouces.

QUEUTER. — Toucher sa bille deux fois, ou bien encore lui faire suivre en même temps et avec la même vitesse, par un coup de queue continu, la même direction que la bille auprès de laquelle elle était placée.

RENTRER. — Se dit des billes ramenées dans le quartier.

RETIRÉ. — Le premier gagnant d'une partie à trois.

SAUTER. — Faire tomber une bille hors du billard, ou faire passer la sienne par-dessus une autre et sans la toucher.

TALON. — Gros bout de la queue.

TIRER. — Tirer à qui jouera, c'est envoyer sa bille toucher la bande du haut, en cherchant à la ramener le plus près possible de celle du bas. Le joueur le plus rapproché de cette bande débute le premier ou commande. (Voyez *Commander*.)

TOUCHER. — Action de rencontrer une autre bille avec la sienne; y faillir constitue *le manque de touche*.

CODE DU BILLARD.

La plus grande sévérité doit toujours être apportée dans la règle d'un jeu de convention pour qu'il intéresse. Les plus grandes difficultés doivent y être imposées pour qu'il fasse naître l'émulation, et ce n'est qu'en raison de la multiplicité de ses combinaisons et de ses calculs qu'il amuse.

Aux cartes, il est difficile d'innover ou de modifier. La règle de chaque jeu y est en quelque sorte établie mathématiquement sur la valeur connue des figures qu'on y emploie et des combinaisons invariables qui constituent le jeu. Le piquet, l'écarté, l'impériale, etc., comportent en eux-mêmes une sévérité d'exécution dont on ne peut s'écarter.

Le billard au contraire étant le jeu auquel président le plus de caprices et de laisser-aller, tant dans son exécution que dans l'application de la règle, nous donnons ici dans leur plus grande rigueur les lois qui le régissent.

1. Tout joueur qui commence ou qui est en main doit se placer dans les six pouces, à moins de convention contraire au commen-

cement de la partie. Mais la latitude des joueurs, dans ce cas, ne doit pas s'étendre au delà de l'ancienne coutume qui défend de se placer en dehors de la ligne du quartier.

2. Toute contravention à l'article précédent, dans le cours d'une partie, entraîne la perte d'un point, de même que sont nuls tous ceux résultant du coup.

3. Il est interdit au joueur en main de sortir du billard, c'est-à-dire de se placer en dehors de la ligne prolongée des grandes bandes. L'adversaire peut dans tous les cas établir avec sa queue le prolongement de cette bille et repousser le corps du joueur dans le quartier.

4. Un seul pied en dehors du billard constitue une contravention qui entraîne la perte d'un point si le coup a été joué, et tous les points faits sont nuls.

5. En aucun cas on ne peut se servir de chaises ou tabourets pour jouer, ni se coucher sur le billard. On doit avoir au moins un pied sur le parquet pour que le coup soit valable.

6. Le joueur en main ne peut jouer que sur les billes qui sont en dehors du quartier, mais il continue de jouer partout où bon lui semble, tant que la bille reste sur le billard,

en observant toutefois les règles de la partie jouée.

7. Il est défendu d'abandonner ou de jeter après le coup sa queue sur le billard.

8. Le joueur qui, en ajustant sa bille, la dérange de place soit en faisant fausse queue, soit en la poussant involontairement, n'a plus le droit de se reprendre et perd un point s'il manque de touche, mais si ce coup provient du fait d'un tiers, la question se juge dans les formes exprimées à l'article ci-après.

9. Si, pour réparer la faute ci-dessus, le joueur frappe sa bille de nouveau, il perd deux points quand même il toucherait, et les points faits par lui sont nuls.

10. Le joueur qui dérange involontairement toute autre bille ne perd rien, mais il ne compte pas non plus les points que le déplacement des billes lui aurait fait faire.

11. Si ce déplacement des billes est volontaire, tous les points en résultant comptent à l'adversaire qui a droit dans tous les cas à un point, mais ce point se confondra toujours dans le nombre de ceux faits, et qui profitent, ainsi que nous venons de le dire, à l'adversaire.

12. Les billes arrêtées involontairement ne se replacent pas, elles restent où elles

sont, mais si elles le sont volontairement et qu'il soit reconnu qu'il y ait fraude ou mauvaise foi de la part de celui qui les arrête, le joueur lésé a le droit de faire déclarer la partie finie, et le délinquant est tenu d'en payer tous les frais et enjeux.

13. A défaut d'application de cette rigueur, la bille arrêtée volontairement dans sa marche compte au joueur adverse comme bille faite, selon sa valeur, et celui-ci continue de jouer.

14. Si c'est à la poule que se présentent ces différents cas, il y a naturellement la perte d'un point pour celui qui commet ces infractions, à moins que tous les intéressés à la poule ne demandent son exclusion, qui ne pourra être prononcée qu'à la majorité relative d'une voix au moins.

15. Le coup de fausse queue n'emporte la perte d'un point que lorsqu'il y a manque de touche, et tous les points en résultant sont valables.

16. Le joueur qui queute perd un point, et ne compte rien de ceux qu'il fait.

17. Toutes les fois qu'il y a manque de touche, il y a perte d'un point.

18. Le saut de sa propre bille hors du billard compte comme perte. Le saut de toute

autre bille ne compte rien, excepté à la poule et aux parties blanches, et les billes tombées reviennent en main ou sur le point.

19. La bille qui saute sur une bande et revient sur le billard, n'est pas regardée comme perdue, elle reste à sa place. Il faut qu'elle soit hors de la table du billard pour être condamnée.

20. La bille qui se trouve ou s'arrête juste sur le milieu de la ligne du quartier est regardée comme rentrée.

21. Toute bille qui arrêtée au bord d'une blouse, y tombe dans l'intervalle du coup à venir, est bonne et suspend le coup. Le joueur qui l'a amenée au bord de la blouse a le droit de continuer. La bille elle-même du joueur tombant dans le même cas, compte comme perte.

22. On ne peut jouer qu'avec une queue ordinaire, avec le procédé ou le talon, selon qu'on le juge convenable. Et pour que le coup soit valable, il faut qu'il y ait choc de la bille et de la queue. Le joueur qui, par une impulsion continue, pousserait l'une et l'autre en même temps, perdrait un point.

23. Il est défendu de se servir de la houlette, à peine de perdre un point, mais on peut faire usage de la cadette et de la grande queue.

24. Il faut toujours attendre que les billes soient arrêtées pour jouer.

25. Toutes erreurs et discussions ne peuvent être relevées ou jugées que par le chef de la maison, lequel, dans tous cas, doit consulter la galerie, mais prononcer seul et en dernier ressort.

26. Toutes les fois qu'un billard est occupé par une partie autre que la poule, la galerie a le droit de demander et d'exiger cette dernière partie, mais il faut que la demande en soit faite par trois personnes au moins, pour que le chef de l'établissement y puisse déférer.

27. Quand la poule est légalement réclamée par la galerie, le chef de l'établissement en avertit les joueurs en possession du billard, et ceux-ci sont tenus de restreindre en partie simple la partie liée dont ils auraient pu convenir, à moins que les trois réclamants de la poule ne les autorisent à jouer une autre, mais une seule partie après celle en cours d'exécution.

Cette dernière partie ne peut excéder 15 points au carambolage, 10 aux parties blanches, 30 à tout autre jeu.

28. Toute partie qui n'est pas précédée de conventions contraires à sa règle spéciale

sera, jusqu'à la fin, soumise à la rigueur de cette règle.

29. Toute convention spéciale qui serait contraire aux lois générales contenues dans ce chapitre, ne pourra être valable, ni acceptée.

30. Toute contravention à ce qui est prévu dans le présent chapitre, sera toujours punie de la perte d'un point, sans préjudice, au profit de qui de droit, de ceux que lui accorderait spécialement l'article auquel il aurait été contrevenu.

PRINCIPES ÉLÉMENTAIRES DU BILLARD.

Chaque joueur ayant une manière à lui propre de se placer, de tenir sa queue, de la faire glisser et de frapper sa bille, il semblerait inutile d'enseigner le mode qu'il convient d'adopter uniformément, mais comme ces habitudes, la plupart vicieuses, proviennent le plus souvent de l'ignorance des joueurs, nous croyons essentiel d'établir, en peu de mots, la méthode la plus convenable en même temps que la plus naturelle.

Pour bien jouer, il faut que le corps ne

soit que légèrement recourbé et conserve tout son aplomb.

A cet effet, on doit avoir la pointe du pied droit en dehors et celle du pied gauche tournée du côté du billard vers lequel on se trouvera placé, de manière à ce que le pied ne soit qu'à vingt-cinq ou trente centimètres environ de la pointe du pied droit.

Se pencher ou se coucher la tête sur le billard est toujours fort disgracieux.

Cette manière de jouer ne permet point, en outre, d'embrasser l'ensemble des coups qui se présentent aussi facilement que lorsqu'on domine tout le billard.

La main sur laquelle est appuyée la queue doit avoir une tendance à se refermer, et le pouce doit être relevé de manière à ce que la direction donnée à la queue, formant un angle aigu avec la main placée sur le billard, le bout de la queue, qu'il faut autant que possible diriger horizontalement, se trouve exactement au centre de la bille.

L'intervalle entre la main appuyée sur le billard et la bille à jouer ne doit pas être de moins de quinze ni de plus de vingt-cinq centimètres.

Dans le premier cas, on aurait l'air gauche et maladroit; dans le deuxième, on ne serait plus assez sûr du degré de force que l'on cherche à imprimer à sa bille.

Le talon de la queue doit être soutenu par l'autre main de manière à ce qu'il ne la dépasse que de huit à dix centimètres au plus.

La main qui donne l'impulsion à la queue doit la faire passer le plus près possible du corps et toujours dans la direction du rayon visuel.

Il ne faut jamais exécuter plus de trois ou quatre fois le mouvement allant et venant qui précède le coup.

En lâchant le coup, le corps doit rester dans la plus complète immobilité, et il faut s'appliquer aussi à ne faire le temps d'arrêt qui le précède qu'au retrait de la queue plutôt qu'au moment où elle se trouve rapprochée de la bille, le mouvement brusque qui en résulte faisant presque toujours dévier la direction que l'on avait mesurée.

L'avant-bras seul doit agir. Conséquemment, il ne faut jamais donner de ces coups d'épaule ni faire de ces mouvements de corps qui détruisent ou neutralisent l'effet voulu ou le degré de force jugé nécessaire. De plus, il est rare qu'en jouant de cette manière on ne lance pas dix fois au moins dans une partie les billes hors du billard.

On doit s'exercer à frapper d'abord une bille seule, tant pour s'habituer aux degrés de force exigés par tous les coups qui se présentent que pour faire aller et revenir cette même bille en ligne droite et sans déviation, ce qui est extrêmement difficile.

Pour faire aller sa bille en ligne droite, il ne suffit pas de dire qu'il faut la frapper indistinctement en haut ou en bas sur la ligne de la surface qu'elle présente, non, mais bien au centre, à moins que le coup à jouer ne nécessite une exception à cette règle générale.

Pour prendre sa bille au-dessus du centre il faut qu'il y ait nécessité de la faire couler, ainsi qu'il sera dit plus loin au carambolage à suivre. Et pourtant l'on doit éviter cette manière de jouer si l'on joue fort ou si l'on doit aller toucher une bande avant les billes, car il est rare que la bille ne saute pas, ce qui détruit ou neutralise le coup complètement.

On ne la prend au contraire au-dessous du centre que lorsqu'on a dessein d'amortir le coup ou plutôt de ralentir la marche de la bille.

Mais il est rare, pour ne pas dire excessivement difficile, de frapper au-dessus ou au-dessous du centre de la bille avec la justesse voulue pour qu'il n'y ait pas déviation.

Tandis qu'en frappant au centre et en mesurant une ligne parallèle à celle des bandes de côté (car on n'a pas toujours les mouches pour guides), on doit obtenir ce résultat, si difficile et si nécessaire pour la plupart des coups :

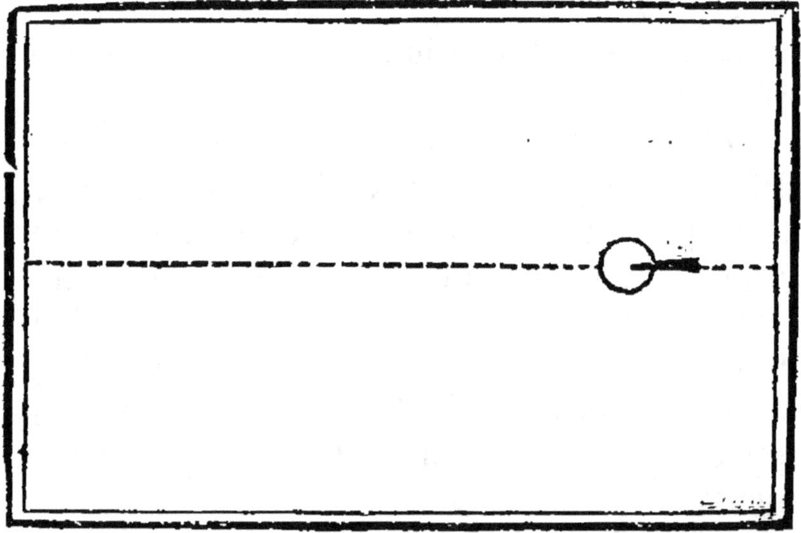

La bille va et revient sur la même bille.

Quant aux effets, c'est différent; on en fait toujours plus ou moins sans s'en douter. Mais il est peu de joueurs qui savent leur donner la mesure qu'ils doivent avoir.

En supposant qu'on se place sur la mouche du bas, il faut d'abord venir se perdre à chaque coup dans l'une ou dans l'autre des blouses du quartier, et même dans les deux alternativement, afin de s'habituer à prendre avec un égal succès sa bille à droite ou à gauche. Dès que l'on fait suivre à sa bille une ligne droite parallèle à celle des grandes bandes, il suffit de frapper un peu en dehors du centre.

Exemple :

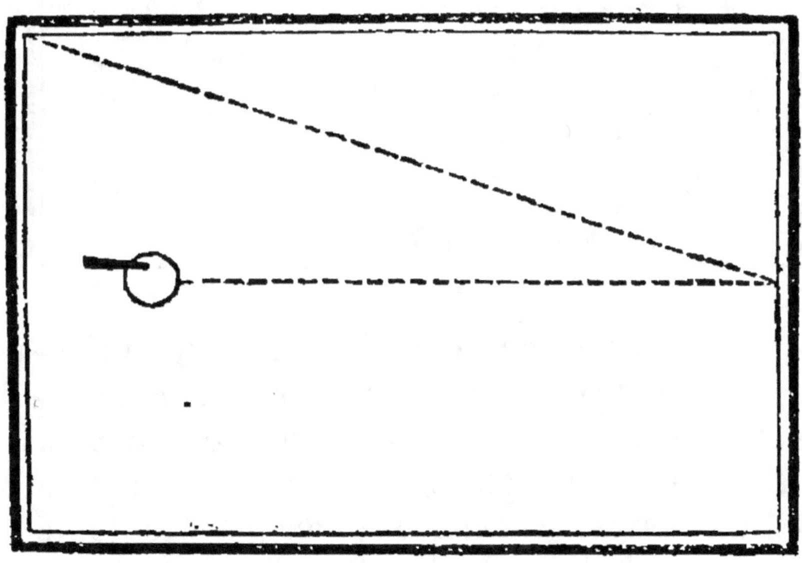

Progressivement, on prend sa bille un peu plus de côté pour aller la faire perdre dans les blouses du milieu, toujours en lui faisant suivre la même ligne en allant, puis on augmente encore l'effet jusqu'à ce qu'on effleure la bille ou qu'elle ne puisse plus céder à l'impulsion.

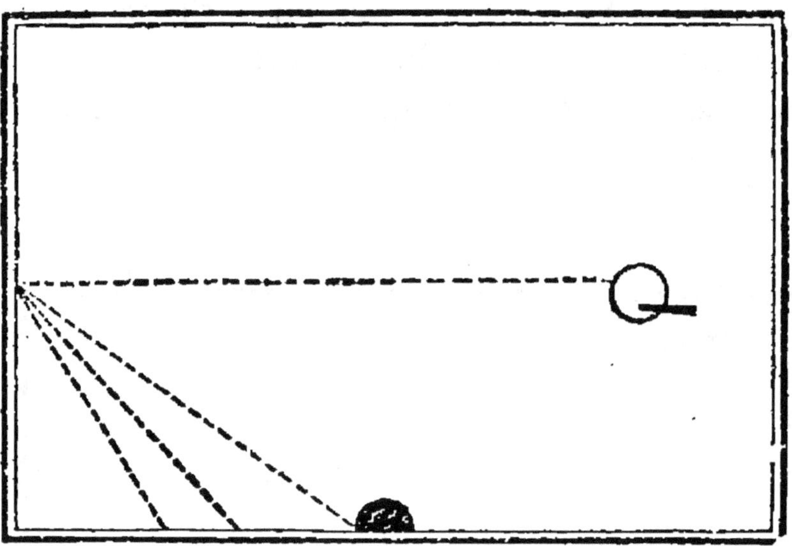

Quand on est sûr de tous ses coups, on s'essaye avec trois billes, pour s'habituer au résultat des effets et à la mesure des coups. Mais il ne faut pas oublier que si l'on a sa bille séparée de celle à jouer par toute la longueur du billard, l'effet produit occasionnant toujours une déviation, la bille sur laquelle on jouera devra être visée demi-plein si l'on veut prendre fin, et au centre si l'on veut la prendre demi-plein. Exemple :

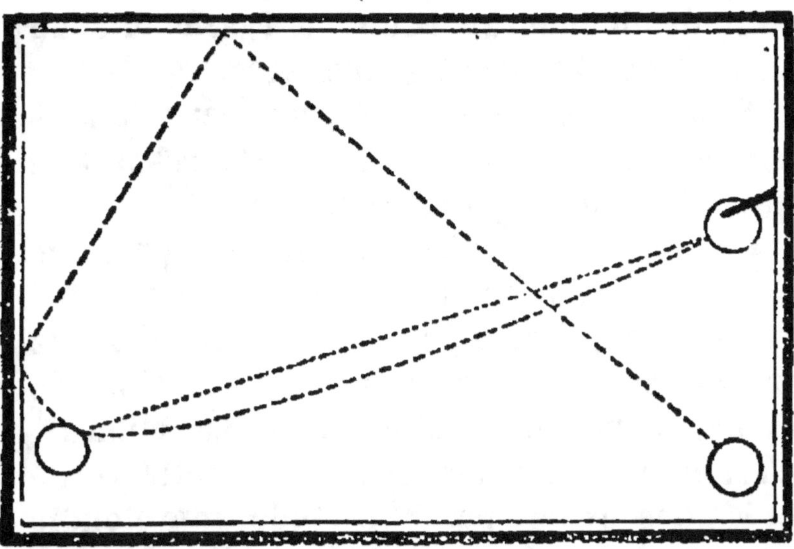

Ce que l'on ne saurait trop étudier, ce sont es coulés directs et obliques qui se font en prenant sa bille un peu en tête.

Puis les temps d'arrêt qu'il faut savoir obtenir après avoir frappé la bille jouée, but essentiel pour être à même de se ménager des points après chaque coup.

C'est encore dans le degré de force voulu que repose l'obtention de ce résultat, car il ne suffit pas de savoir qu'il faut prendre sa bille en dessous, il faut que le point frappé au-dessous du centre soit proportionné, quant à son infériorité, à la distance de la bille sur laquelle on joue, et à la force qu'il est nécessaire de donner au coup eu égard au coup suivant que l'on veut se ménager.

Enfin, on s'exerce à la bricole et à la mesure des angles d'après la position respective des billes par rapport aux bandes.

Comme le coup d'œil et surtout la pratique peuvent seuls en déterminer le problème (problème qui ne gît que dans la manière de frapper sa bille, et non dans les principes de la trigonométrie, inapplicables au billard), c'est au joueur à se pénétrer de cette vérité et à nous éviter, par une étude approfondie de cette difficulté, fort grande au billard, qu'on ne se le dissimule pas, une théorie et des redites aussi inutiles que oiseuses.

Savoir se placer, tenir sa queue et la pousser dans la direction du regard, frapper sa bille avec ou sans effet, mais avec la justesse nécessaire, lui donner enfin tous les degrés de force voulus : voilà les vraies, les seules difficultés au billard.

Ce n'est donc point avec des M, des N, des A, des B et des lignes tracées le plus souvent au hasard, sur des carrés représentant un billard, qu'on peut apprendre à jouer, c'est la queue à la main, c'est en pratiquant.

Toutefois, l'exécution particulière à certains coups, et même à chacun des jeux, ayant besoin d'être développée autrement que par les règles spéciales qui les gouvernent, la plupart des parties, et notamment le carambolage, la clef de toutes, seront accompagnées de figures ou d'explications qui en feront connaître le secret et l'art.

PARTIES FRANÇAISES ET ÉTRANGÈRES.

Il serait difficile de dire combien il existe de jeux différents ou parties au billard. Les plus usités y subissent eux-mêmes une foule de modifications qui varient selon les coutumes de localités ou l'ignorance et le caprice des joueurs.

Le billard offrant, du reste, par lui-même des ressources telles qu'on pourrait en créer à l'infini, nous devons nous borner à établir ici les plus connues, les plus jouées, celles, en un mot, que l'usage a fait adopter.

Les jeux les plus répandus en France et même en Europe, sont :

Le carambolage,
Le même,

Le doublet,
La partie italienne,
La partie russe,
Les parties blanches,
La poule,
La pyramide,

que nous ferons suivre de leurs subdivisions et de la théorie applicable aux plus sérieuses et aux plus difficiles.

LE CARAMBOLAGE

1. Le carambolage se joue en 15, 25 et 50 points.

2. Les billes sont placées, savoir : la rouge sur la mouche d'en haut, celle du joueur qui commence dans les 6 pouces à droite ou à gauche de la mouche du bas, où l'adversaire doit placer la sienne.

3. Le joueur en main doit se tenir en billard. Le joueur placé sur la mouche du bas ne peut en sortir qu'après un coup joué à la suite de celui qui avait nécessité la mise de sa bille sur cette mouche.

4. Quand les mouches se trouvent occupées par la bille du joueur, celles faites ou perdues se replacent sur la mouche du milieu, et à défaut sur celle qui est libre. La bille y reste jusqu'à ce qu'elle soit dérangée dans le jeu.

5. Lorsque les billes se touchent et que l'une d'elles se trouve être celle du joueur, on les replace toutes comme au commencement de la partie.

6. Tout carambolage fait en queutant compte à l'adversaire qui a de plus l'avantage de jouer.

7. Les manques de touche comptent à l'adversaire à moins de convention contraire. Les pertes seules ne comptent pas. La série n'étant pas possible autrement sur un billard avec blouses.

8. Il n'y a pas de coup de bas au carambolage. Quand les billes sont rentrées, le joueur en main a droit de mettre la rouge sur le point, mais il peut s'en dispenser s'il préfère jouer la bricole.

THÉORIE.

Les carambolages prennent différentes dénominations selon l'aspect sous lequel ils se présentent.

Ainsi, il y a les carambolages droits, à suivre, rétrogrades, par bandes. par coup dur et contre-coup, ellipsoïdes et par la bricole.

Les carambolages droits sont ceux qui se présentent sous l'aspect d'un angle droit, par exemple, celui-ci :

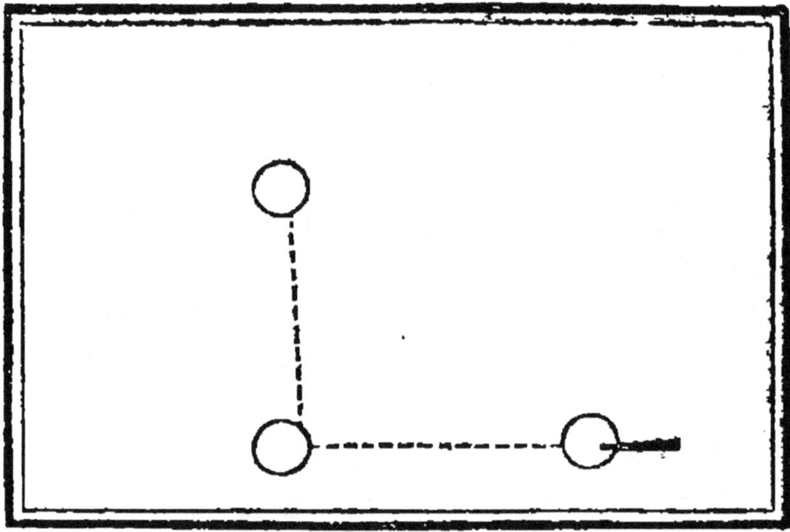

Pour les faire il n'est pas besoin d'effet. Il suffit de prendre sa bille un peu en dessous et de viser aux trois quarts plein celle sur laquelle on joue.

Si l'angle est obtus comme celui qu'offrirait au besoin la figure de la page suivante, l'effet est encore moins nécessaire, puisqu'on est obligé de viser la seconde bille un peu plus fin ; mais il vaut mieux dans ce cas s'habituer à faire un effet de manière à ce qu'en manquant le carambolage, on soit chassé par la bande pour ne pas livrer de points.

On voit que, pour produire avantageusement

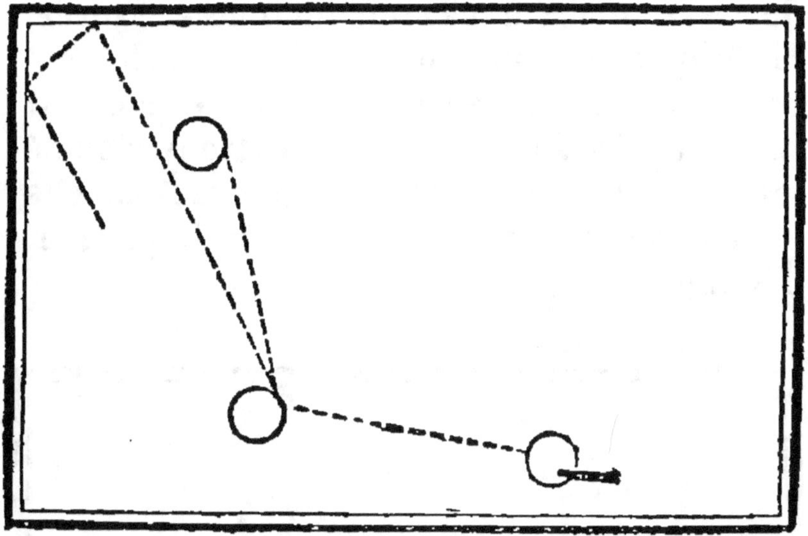

cet effet, la bille du joueur est frappée à gauche, c'est-à-dire du côté opposé à la bande qu'elle touche la première, parce que cette bande devait former une ligne parallèle ou oblique avec celle suivie dans le principe par la bille, et que si l'effet eût été fait à gauche c'est-à-dire du côté de la bande, deux forces opposées se rencontrant, l'une de la bille jouée qui s'avancerait en pivotant sur elle-même de gauche à droite, l'autre de la bande qui, en raison de ce mouvement, tendrait à faire revenir la bille sur elle-même, celle-ci s'arrêterait tout à coup auprès de la troisième bille.

Si l'angle est aigu, au contraire, alors c'est le cas, toujours dans l'intention de se sauver, de frapper sa bille du côté de la bande, attendu que le mouvement rétrograde qu'on est tenu de faire suivre à sa bille se trouve doublé par le contact de la bande auprès de laquelle l'effet produit acquiert une nouvelle impulsion. Exemple :

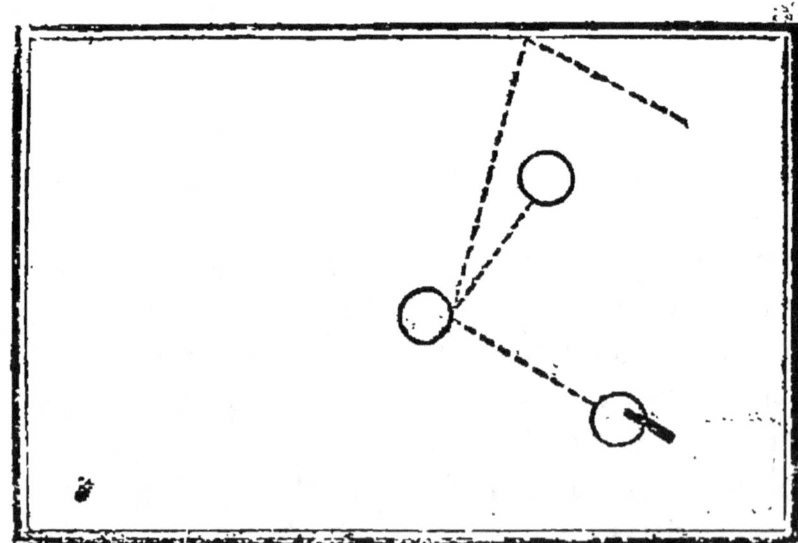

Il va sans dire que si la première bande à toucher forme une ligne horizontale, par rapport à celle qui suit la bille jouée, le principe ci-dessus est en quelque sorte le même, et que la bille jouée doit être prise toujours du côté où l'on veut que la bande chasse la bille.

Le carambolage à suivre consiste à faire couler sa bille sur la même ligne ou à peu près que celle sur laquelle on joue, de manière toutefois à ce qu'elle prenne la direction de la troisième bille.

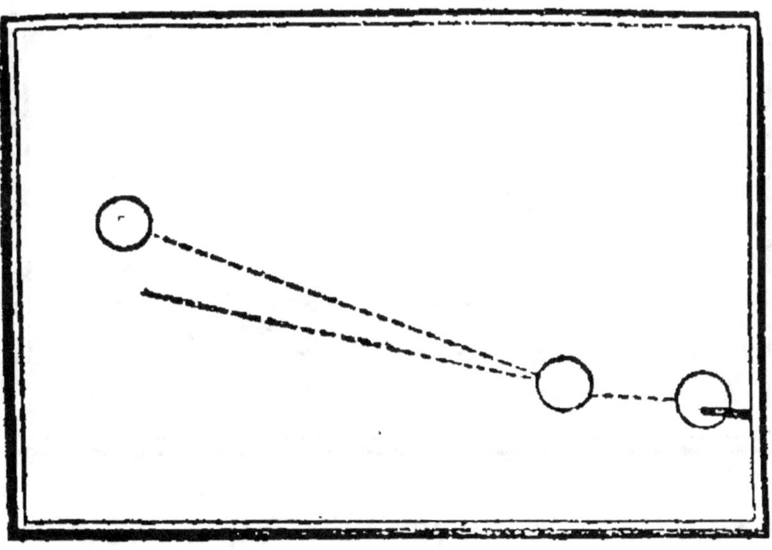

On voit que la bille est frappée en tête et

du côté opposé à celui où se trouve la troisième bille ; celle sur laquelle on joue devant être généralement visée plein ou aux trois quarts selon la position de la troisième.

Les carambolages rétrogrades se présentent quand on a sa bille entre les deux autres et qu'on veut la faire revenir soit directement, soit à l'aide des bandes sur la troisième bille après avoir touché la seconde.

Celui représenté par la figure qui suit est droit et direct.

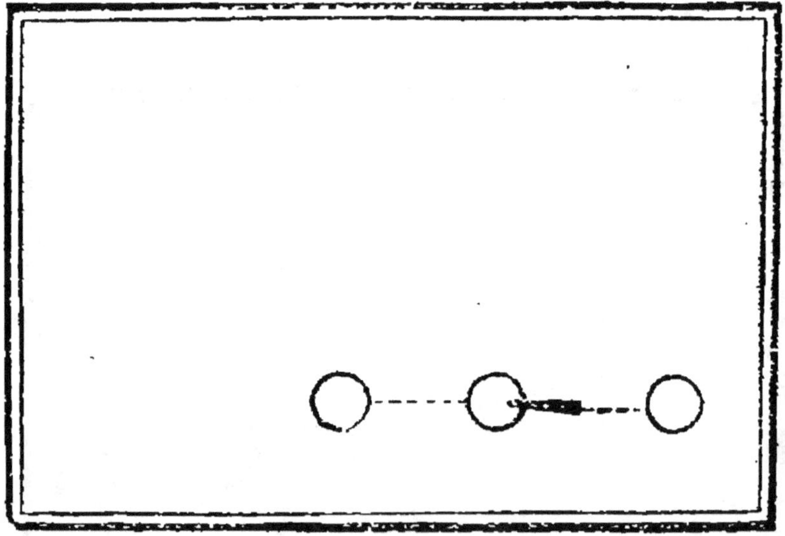

Conséquemment il suffit de frapper sa bille exactement au centre, mais en dessous, pour rétrograder en ligne droite.

Tandis que s'il était oblique il serait nécessaire, tout en frappant sa bille en dessous, de la prendre un peu de côté.

Cependant il ne faut pas que le côté où se trouve la troisième bille détermine toujours celui où se doit faire l'effet, car s'il se trouve une bande horizontale en deça de la troisième bille, il faut, en prévoyant qu'on peut manquer le coup, produire un effet voulu pour que la bande aide la bille à se sauver, et l'effet doit être fait à droite si la bille doit revenir par une ligne oblique à gauche, et à gauche si la bille doit revenir du côté opposé. Exemple :

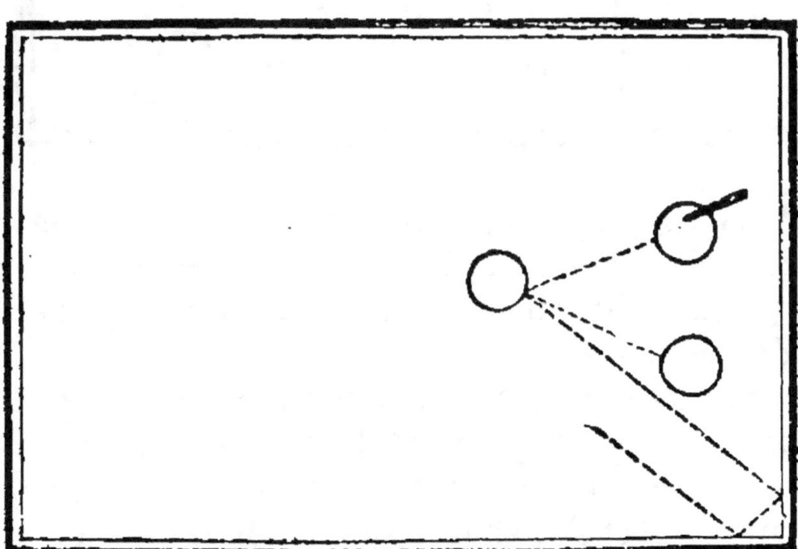

Mais si la bande qu'on doit devoir toucher

en manquant le carambolage est une bande
de côté et parallèle par rapport à la direction
donnée au coup, il faut faire effet du côté de
cette bande :

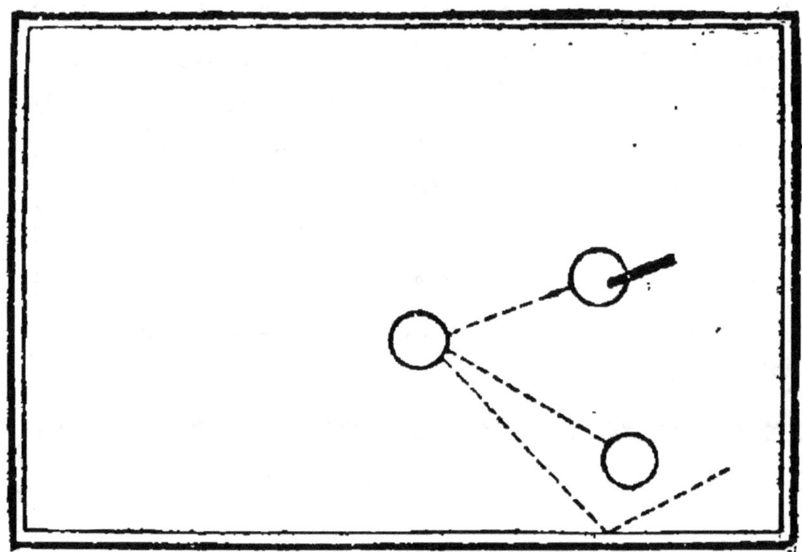

Attendu que l'effet ainsi produit subit, par le
contact de la bande, les mêmes lois que celles
indiquées au carambolage présentant un angle aigu.

Par exemple, si l'on a sa bille rapprochée
de celle à jouer au point de ne pouvoir jouer
sans queuter, on tient sa queue perpendicu-
lairement et l'on masse sa bille de la manière
indiquée à la page suivante.

Ce mode de jouer peut même s'employer à des distances plus éloignées de la bille à jouer, lorsqu'on a pour but d'amortir le coup et de ne donner aux billes que la force calculée pour les réunir après le coup ou pour se livrer des points.

Mais, dans ce cas, il faut obliquer la ligne perpendiculaire de la queue, plus ou moins selon la distance des billes.

Les carambolages par bandes sont plus faciles, mais ceux par une seule bande exigent beaucoup de précision.

Quand les trois billes sont près d'une bande et que l'on a la sienne en dehors, on doit la frapper en tête et du côté opposé à la bande pour que celle-ci lui donne le mouvement qui la conduira à la troisième bille, après avoir touché la seconde plus ou moins fin selon sa proximité de la bande. Exemple :

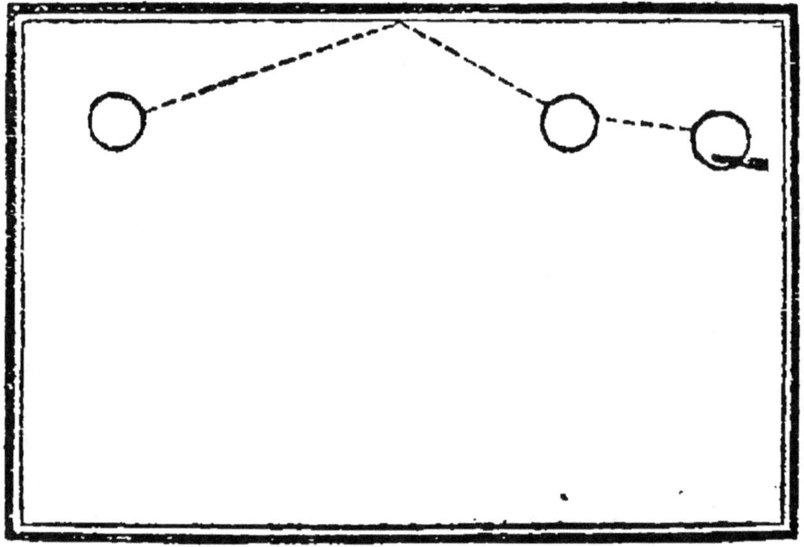

Si au contraire on veut se séparer dela bande par une ligne brisée, il faut frapper sa bille au centre et du côté qui fait face à la bande, plus ou moins selon la position des deux autres billes, c'est-à-dire leur proximité ou leur éloignement de la bande. Tel ce coup représenté à la page suivante, où il faut frapper au centre, mais à droite.

Excepté l'obligation où l'on serait de contrarier l'effet comme dans le coup qui précède, les carambolages par une, deux, trois et

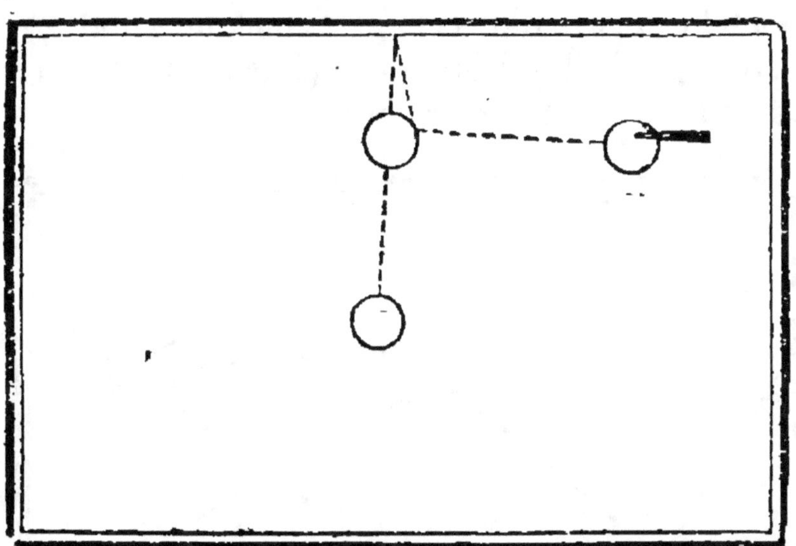

quatre bandes, se font toujours du côté opposé à la première bande qu'elle doit toucher si e'est une bande de côté, et l'on ne doit donner qu'une force moyenne au coup pour que l'effet soit mieux produit : le mouvement de la bille se trouvant doublé, triplé, quadruplé même par le contact successif des bandes, ainsi que cela a lieu pour le coup représenté à la page suivante.

Mais si, au lieu de toucher la grande bande de droite la première, on eût voulu toucher celle du haut, en admettant qu'on eût eu sa bille plus à gauche à l'endroit marqué par un point. L'effet devait être le même, c'est-à-dire produit à gauche, pour imprimer de droite à gauche à sa bille le mouvement de rotation exigé par la ligne oblique à gauche qui la conduit à une bande horizontale.

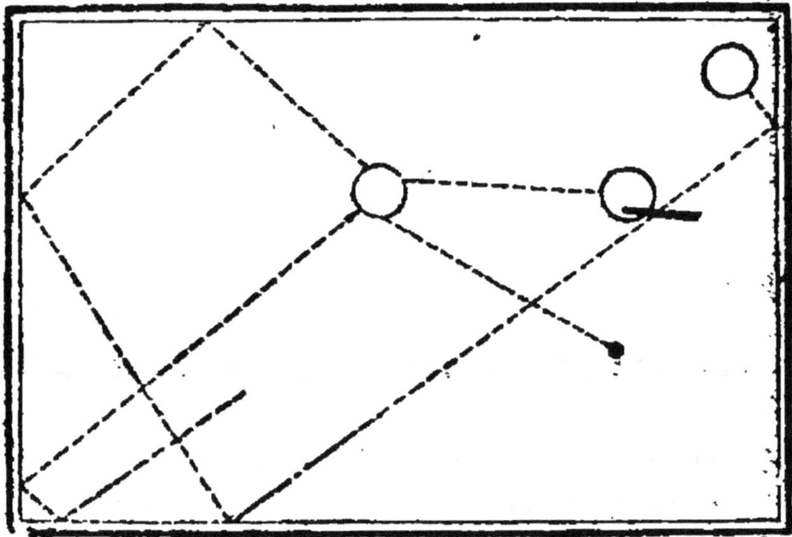

Le coup dur et le contre se font en frappant sa bille en dessous si elle doit revenir sur elle-même ; en tête et du côté opposé à la troisième bille, si celle-ci n'est qu'à une légère distance de la seconde. En tête également, mais du côté de la troisième bille, si elle est éloignée de la seconde.

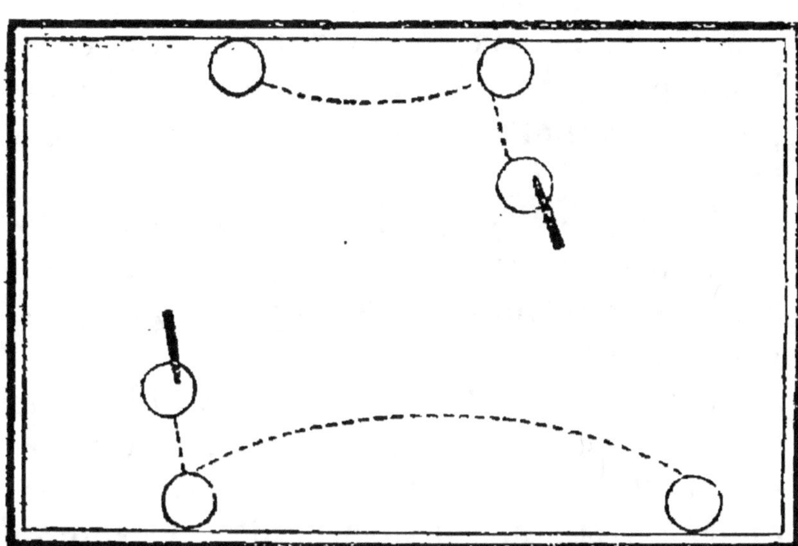

Quant à la bille jouée, on doit presque toujours la prendre demi ou aux trois quarts
plein du côté de la troisième bille.

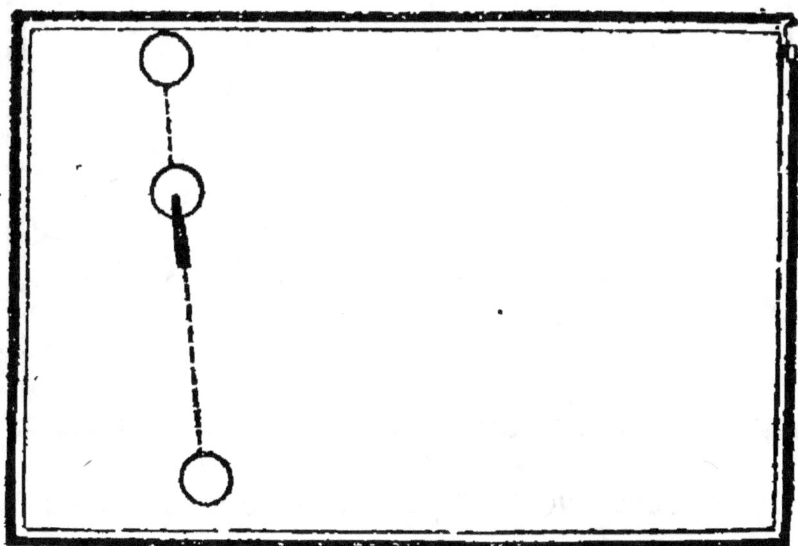

Mais si l'on a sa bille entre les deux autres, il faut viser plein et frapper en dessous comme pour le carambolage rétrograde ainsi qu'on l'a vu dans la figure qui précède.

L'ellipsoïde se présente lorsqu'une des trois billes en ligne (celle du joueur étant en dehors) ne se trouve séparée que de quelques centimètres.

Pour le faire, il faut masser sa bille et la frapper vigoureusement du côté opposé à celui par lequel elle doit décrire l'ovale qui la ramènera sur la troisième bille en dehors, puis sur celle du milieu. Exemple :

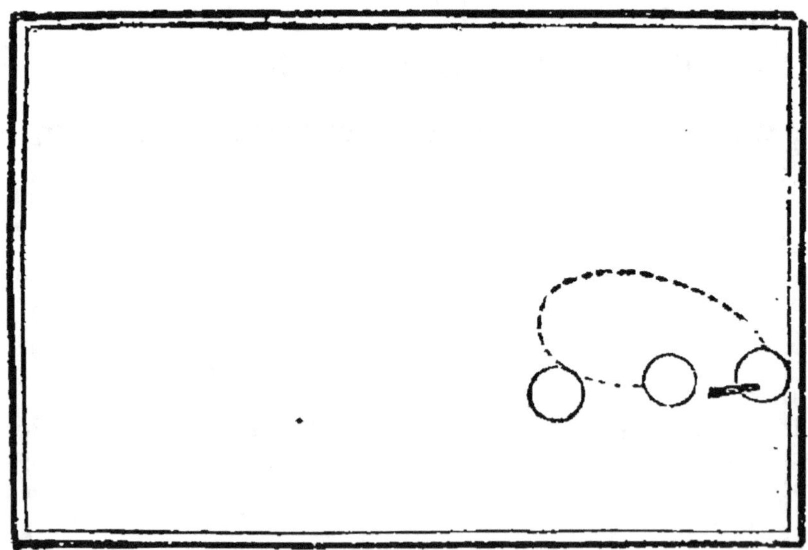

Les carambolages par la bricole sont assurément les plus difficiles ; mais cette difficulté, qu'on ne peut vaincre que par la pratique, ne consiste que dans la mesure des angles, non pas d'après les principes de la trigonométrie, c'est impossible au billard, nous le répétons, mais bien d'après l'effet, qui seul détermine l'obtention du résultat, car l'angle à décrire par une ou plusieurs bandes nécessite toujours un effet du côté où l'on veut diriger sa bille, à moins qu'il n'y ait obligation de contrarier l'effet par rapport à la position de la troisième bille, ou bien que l'angle aigu à décrire n'exige l'absence de tout effet. Dans la figure suivante, il faut faire effet à droite pour que l'angle soit reproduit dans la mesure voulue :

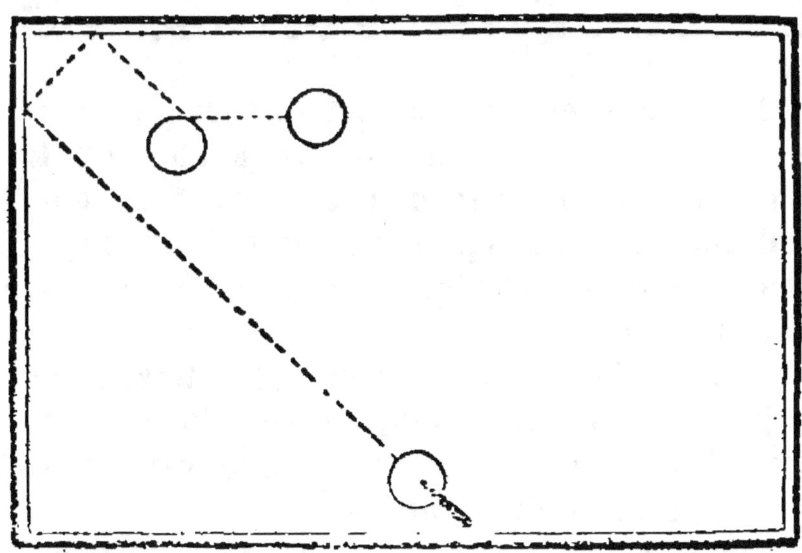

Dans celle-ci, au contraire, il n'est aucunement besoin d'effet, la bille doit être prise exactement au centre :

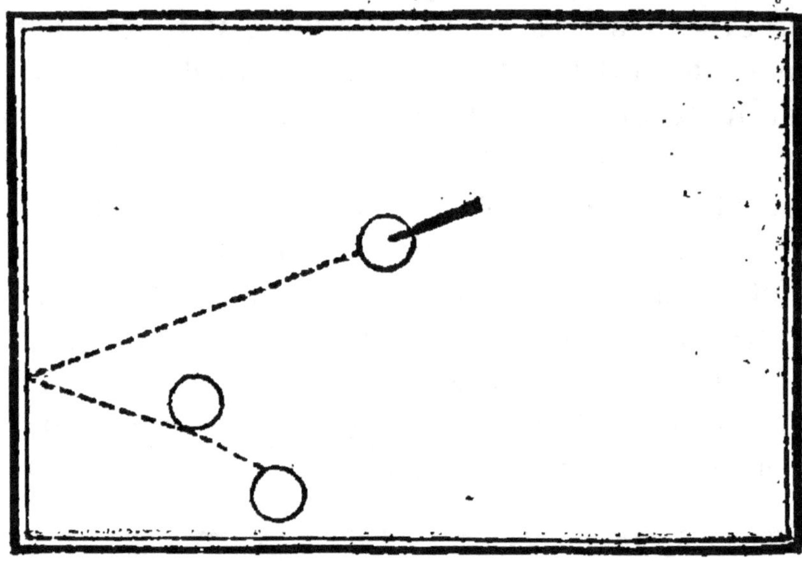

L'habitude et la pratique d'ailleurs peuvent seules faire acquérir au joueur le talent qu'il chercherait vainement dans un livre et les connaissances voulues pour appliquer aux coups les exceptions qu'exigerait la disposition des billes sur le billard.

Etudier les effets et leurs résultats, s'en rendre compte, jouer toujours fort doucement pour les rendre plus efficaces, telle est la véritable science du carambolage.

Quant à la série, nous ne saurions trop la

recommander ici ; c'est la manière la plus brillante de jouer le carambolage ; c'est là que le jeu acquiert le côté sérieux qu'il doit avoir pour intéresser, par suite des calculs et combinaisons que présentent tous les coups.

Pour conserver une série, il faut même jouer les difficultés plutôt que les carambolages simples, raisonner chaque coup, et chercher la place que devront occuper les billes, surtout la sienne, après le carambolage fait.

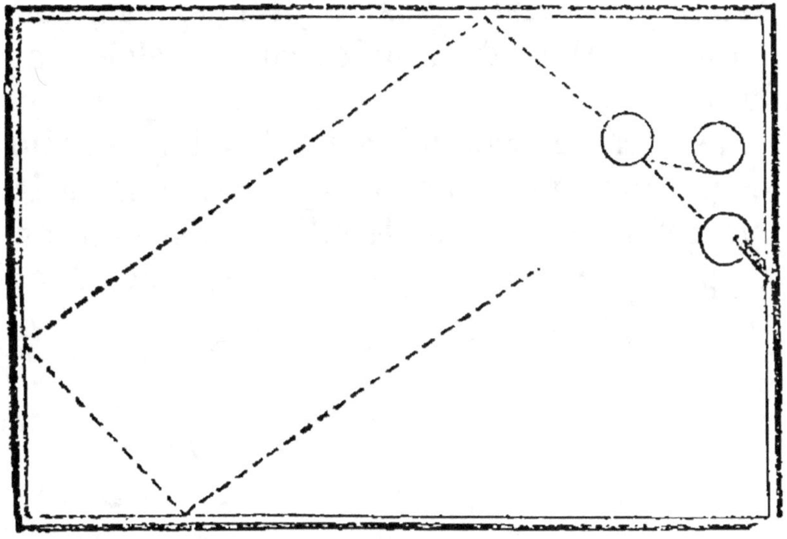

Lorsque les billes commencent à se réunir, il faut jouer les carambolages à suivre, afin de les pousser dans un coin où, à l'aide des bandes, on peut en former une réunion indéfinie.

Mais une fois là, il ne faut pas se laisser séduire par un carambolage facile, car c'est souvent ainsi que l'on brise la série.

Ainsi, en supposant un carambolage droit, auprès d'un coin et les billes disposées comme à la figure de la page précédente, on pourrait être tenté de jouer le carambolage de la bille droite à celle gauche, tandis qu'en le jouant de la gauche à la droite, on ramène la première, et la série est conservée, ce qui ne serait pas arrivé dans le premier cas, soit en séparant les deux billes, soit en éloignant la sienne.

Le carambolage doit donc être bien étudié et pratiqué plus encore pour atteindre à la perfectibilité qu'exige le billard. Sans lui, on ne peut rien, avec lui, on peut exceller dans tous les jeux.

LE MÊME.

1. Le même est la partie qui consiste principalement à faire bille sans toucher les bandes.

2. Il se joue de deux manières : en partie *ordinaire* et en partie *à suivre*.

En partie *ordinaire*, les joueurs alternent à chaque coup, qu'il y ait ou non des points faits.

En partie *à suivre*, au contraire, on continue de jouer tant qu'on fait des points.

Cette dernière manière de jouer s'applique à toutes les parties. C'est la plus usitée en même temps que la plus rationnelle, attendu que la science du billard ne consiste pas seulement à ne faire que les points présents, mais bien à s'en ménager sans cesse pour le coup suivant.

3. Le même, se joue en 20, 30 ou 50 points, et l'on doit convenir avant de commencer du mode de le jouer, à défaut de quoi il ira à suivre et sera soumis aux règles les plus rigoureuses.

4. La partie se fait avec trois billes, deux blanches et une rouge. La rouge se met sur la

mouche du haut. Les deux billes blanches restent en main.

5. La rouge se replace sur la mouche du haut toutes les fois qu'elle est faite ou qu'elle tombe en dehors du billard. Si cette mouche se trouve occupée par une autre bille, elle se met sur la mouche la plus éloignée de la bille du joueur, et en cas d'occupation de cette mouche, sur celle qui est libre, où elle reste jusqu'à ce qu'elle soit déplacée dans le jeu.

6. Chaque bille blanche faite, perdue ou tombée, revient en main du joueur à qui elle appartient.

7. La rouge compte trois points, les billes blanches deux, mais la perte ou la chute de celle du joueur en compte trois pour l'adversaire quand elle n'a touché aucune bille ou si elle a touché la rouge, de même qu'elle n'en perd que deux après un carambolage.

8. Le saut ou la chute de toute autre bille que celle du joueur ne compte rien.

9. Tout manque de touche compte un point pour l'adversaire, mais ce point se confond dans les trois qui résultent d'une perte.

10. Les six pouces sont de rigueur depuis le commencement jusqu'à la fin de la partie pour le joueur qui est en main.

11. Le joueur en main a le droit de jouer

telle bille que bon lui semble quand elles sont en dehors du quartier. Si au contraire elles y sont rentrées, il doit jouer la bricole, à moins qu'il ne préfère donner un manque de touche. C'est ce qui constitue le coup de bas.

12. Le doublet et le carambolage comptent toujours au même à moins de conventions contraires.

THÉORIE.

La partie du même est la plus brillante quand elle est bien jouée. Pour bien l'exécuter il faut chercher à faire le plus de points possibles à chaque coup, et s'en ménager d'autres pour le coup suivant. Ne jamais laisser la rouge sur le bord des blouses du haut ou du milieu, afin d'enlever à son adversaire les chances de l'enfilade. Mettre ou ramener toujours la bille de celui-ci entre les deux autres auprès des bandes. S'habituer aux effets de côté et rétrogrades pour placer avantageusement sa propre bille après chaque bille faite et ne donner de coups de bas qu'en manquant une bille douteuse, car ce ne sont pas les coups de bas qui profitent le plus, et on ne doit les livrer que dans le but de ramener la bille de son adversaire sur le billard, afin de chercher par le carambolage une série nouvelle de points. Par cette raison, la rouge doit toujours être faite de préférence à la blanche.

LE DOUBLET.

1. Cette partie ne diffère du même que par l'obligation où est le joueur de faire toucher une ou plusieurs bandes aux billes jouées avant de les faire, et s'exécute de deux manières : En doublet simple et en doublet franc.

2. Le doublet simple admet comme valables les billes faites par la bricole, par coup dur, par contre-coup, et l'une par l'autre, c'est-à-dire celle qui, poussée par la bille du joueur, est faite par le choc de la troisième; cette dernière par le choc de la précédente, et les deux ensemble après leur rencontre.

3. Le doublet franc n'admet que les billes strictement doublées, celles qui, en d'autres termes, touchent une ou plusieurs bandes avant de tomber dans une blouse.

4. A l'un comme à l'autre, toute bille faite au même compte à l'adversaire, selon sa valeur, ainsi que les carambolages acces-soires.

5. A part l'exécution conventionnelle de l'une ou de l'autre de ces deux manières de jouer le doublet, il subit les mêmes règles que le même.

THÉORIE.

A défaut de billes sûres·ou faciles, le jeu est de toujours chercher le carambolage, qui rigoureusement ne devrait pas être admis au doublet. De même qu'il faut jouer fort sur la rouge pour ne pas la laisser auprès des ban-des ou de la bille de son adversaire. Quant au doublet de la blanche, on doit le jouer, au contraire, de manière à la ramener ou la lais-ser toujours près d'une bande.

PARTIE ITALIENNE.

1. Les trois billes ne comptent que deux points.

2. La rouge se met sur la mouche du mi-

lieu, et il n'y a pas de coup de bas à cette partie, le billard se divisant en deux quartiers séparés par la ligne transversale qui va de l'une à l'autre des deux blouses du milieu. Les deux billes blanches restent en main.

3. Le joueur qui commence donne un acquit qui doit dépasser la ligne ci-dessus. Le second joue sur l'acquit, et la partie consiste principalement à ramener ou pousser la blanche de son adversaire sur la rouge. Le choc de ces deux billes compte quatre points.

4. La rouge est inviolable tant que les trois billes sont sur le billard. On doit toujours jouer sur celle de son adversaire la première. Ce n'est que lorsqu'elle est faite qu'on peut jouer sur la rouge.

5. Le joueur qui touche la rouge la première, quand les trois billes sont sur le billard, perd un point.

6. Toute bille doit être faite au doublet simple ou franc *ad libitum* pour être valable. Mais le doublet n'est pas obligatoire pour le coup de quatre principal, dont on doit au contraire chercher la série, comme on cherche celle du carambolage.

7. Les billes faites au même et les points accessoires comptent à l'adversaire.

8. Le joueur en main doit se placer, soit en haut, soit en bas du billard, selon la position de la bille à jouer, et de manière à mettre toujours entre cette bille et la sienne la ligne du milieu, fixée comme démarcation.

9. Les six pouces sont obligatoires des deux côtés.

10. Le carambolage (toujours de la blanche à la rouge, bien entendu), compte à cette partie comme à celles précédentes.

11. La partie italienne se joue en quarante, cinquante et cent points.

12. Et toutes les pénalités des parties précédentes y sont applicables.

THÉORIE.

Le secret du jeu ne consiste qu'à chercher le coup de quatre, qui en est le but principal, et à mesurer le coup de manière à ce que la bille de l'adversaire n'ait que tout juste la force d'arriver sur la rouge; car alors on peut se ménager des points à l'infini.

Toutefois, si l'on avait un carambolage livré en même temps que le coup de quatre, il vaut mieux chercher à faire les six points présents en jouant fort pour ramener la blanche. Par exemple le coup suivant :

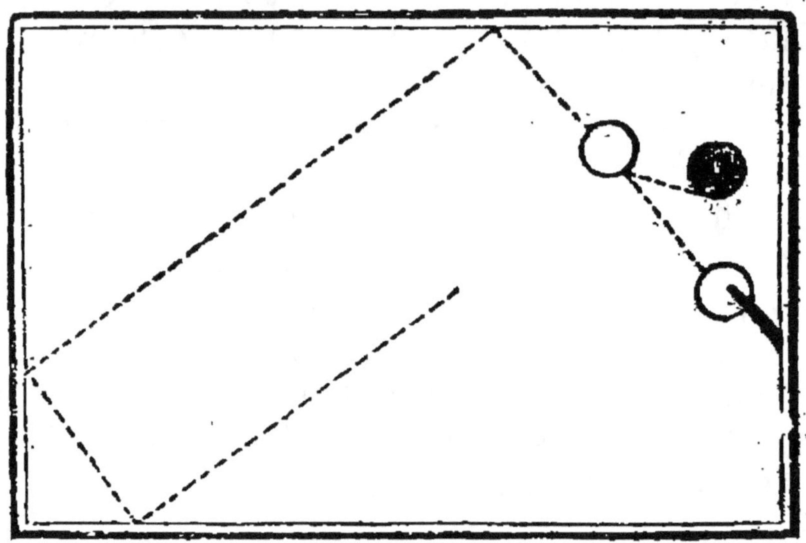

Mais il faut être bien sûr de ne pas manquer le carambolage, car, comme il pourrait arriver qu'on manquât aussi le coup de quatre, les billes se trouvant alors réunies, on pourrait livrer ainsi la partie tout entière.

D'après l'article 5 de la règle, il est défendu de toucher la rouge la première, sous peine de perdre un point ; mais on peut se trouver masqué par la rouge et se croire dans l'obligation de recourir à la bricole ; or la bricole n'est pas toujours nécessaire, on doit même la négliger, si la disposition des billes offre la facilité du coup de quatre, en sautant par-dessus la rouge, comme dans le cas suivant :

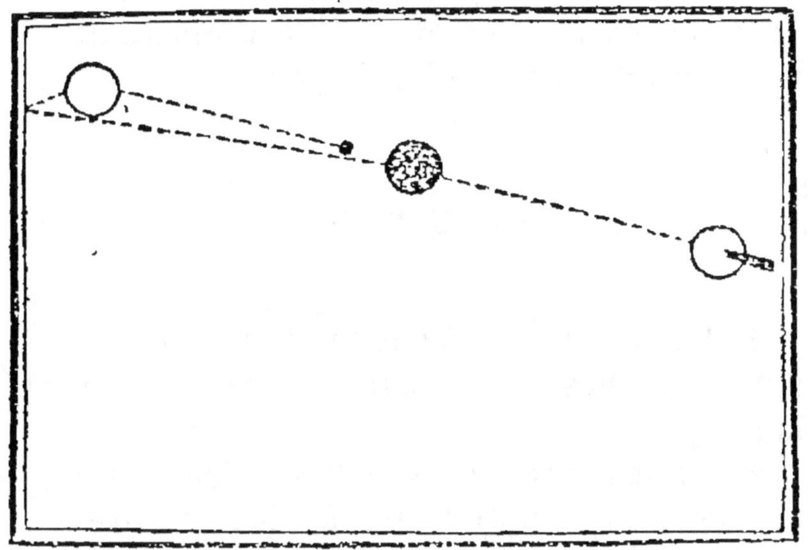

Car il n'est besoin que de tenir sa queue dans une direction mi-perpendiculaire, mi-horizontale et de frapper fortement sa bille en tête, de manière à la faire passer par-dessus la rouge sans la toucher, et retomber à l'endroit marqué par un point, après avoir eu soin toutefois de viser la blanche en conséquence pour la doubler sur la rouge.

Tous ces coups, toute cette tactique du billard ne s'acquièrent qu'en jouant souvent et en raisonnant le jeu, et la partie italienne est une de celles qui offrent le plus de ressources pour se fortifier, en raison de la variété des jolis coups qui s'y présentent.

Inutile de dire qu'on peut la jouer sur un billard sans blouses, puisque les billes faites ne sont qu'un accessoire du jeu.

PARTIE RUSSE.

1. La partie russe se joue avec cinq billes, deux blanches, une rouge, une bleue et une jaune.

2. Les deux premières comptent deux points, la rouge en compte trois, la bleue quatre et la jaune six.

3. La rouge se met sur la mouche du haut, la bleue sur celle du bas, la jaune sur celle du milieu, et les deux blanches restent en main.

4. Si, dans le cours du jeu, la mouche particulière à la bille faite se trouve occupée par une autre bille, elle doit être mise sur la mouche la plus éloignée du joueur. A défaut de cettemouche sur celle qui est restée libre,

et en cas d'occupation des trois mouches principales, sur celle dite de la pénitence, à moins que la bille elle-même du joueur ne s'y trouve, car alors la bille faite se replace à dix-sept centimètres de la bande du bas, sur la ligne de toutes les billes.

5. Le premier à jouer donne l'acquit. Le second joue sur l'acquit, et le troisième coup donne ouverture à tout le jeu.

6. La rouge et la bleue ne peuvent être faites que dans les blouses angulaires de leurs quartiers respectifs. La jaune dans les blouses du milieu; mais les deux blanches se font partout.

7. Toute bille faite dans une blouse autre que celle qui lui est assignée, profite à l'adversaire non-seulement de ce qu'elle vaut, mais encore de tous les points accessoires du coup, légitimes ou non.

8. Le carambolage ne compte pas à la partie russe, mais on peut l'y admettre conventionnellement.

9. Le coup de bas est soumis aux mêmes règles que le même, quand toutes les billes sont rentrées.

10. Le joueur qui, en donnant l'acquit ou en jouant dessus, touche ou dérange au préalable, tant avec sa bille que les unes par les

autres une ou plusieurs des billes de couleur, perd un nombre de points égal à la valeur réunie des billes touchées. S'il les touche ou dérange toutes trois, il perd treize points. Dans l'un et l'autre cas, les billes sont remises en place ; celle du joueur reste sur le billard, et le jeu se continue selon la règle.

11. Celui qui donne l'acquit par erreur peut reprendre sa bille et le faire donner par le premier à jouer.

12. Tant que la bille bleue est sur le point elle doit être considérée comme rentrée et aucun joueur en main ne peut jouer dessus.

13. La partie russe se joue en quarante-huit points, et au même. Mais elle peut être soumise aux règles du doublet.

14. Si le même est adopté, le coup qui doit compléter ces quarante-huit points ne peut exceptionnellement être fait qu'au doublet, de sorte que le joueur qui en aurait quarante-six et qui ferait par exemple la jaune, dont la valeur est de six points, ne compterait que quarante-sept et jouerait encore pour un ; le dernier point, ou plutôt le dernier coup de gain devant toujours et rigoureusement se faire au doublet.

THÉORIE

La partie russe exige beaucoup d'attention. Il faut à chaque coup embrasser d'un coup d'œil la position des billes par rapport à celle de l'adversaire, et ne jouer que celles qui lui resteraient livrées après le coup, à moins d'être bien sûr des autres billes qu'on serait tenté de jouer. On doit surtout s'appliquer à ne jamais laisser près des blouses du milieu la jaune, dont l'enfilade est facile à conserver, et qui, faite six fois de suite, ce qui n'est pas rare, donne les trois quarts de la partie. Mais il ne faut pas non plus que les difficultés ménagées à l'adversaire conduisent à ramener souvent la rouge et la bleue hors de leurs quartiers respectifs, car on diminuerait ses propres chances de jeu pour les coups à venir. Ne pas les laisser trop près des blouses, voilà ce à quoi l'on doit s'attacher. L'adversaire fera toujours assez de fautes ou manquera assez de coups pour laisser des points, et c'est alors que, comme au même et au carambolage, il faut s'appliquer, en faisant bille, à ramener constamment la sienne dans une position avantageuse pour le coup suivant.

PARTIES BLANCHES.

On donne ce nom aux parties qui ne se jouent qu'avec les deux billes blanches, et qui se composent : de la partie ordinaire, de la perte, des blouses défendues et du contre.

Toutes sont précédées d'un acquit qui doit être renouvelé à chaque bille faite ou perdue, par le joueur à qui ont profité les points du coup qui a nécessité l'acquit.

I. — Partie ordinaire.

1. Elle se fait au même et au doublet.

2. Elle se joue en dix points, et les billes comptent pour deux ou pour un, comme aux parties suivantes.

3. Le saut de la bille jouée est admis comme bille faite, le saut de celle du joueur équivaut à une perte.

II. — Partie de la perte.

1. Quoique étant peu usitée, cette partie se joue de différentes manières. La plus connue pourrait être appelée le *même renversé,* par

la raison qu'au lieu de chercher à faire bille, il faut chercher à se perdre.

2. Si on fait bille sans se perdre, on perd deux points. Si on se perd en faisant bille, on en gagne quatre. Si on se perd sans faire bille, on n'en gagne que deux.

3. Le saut est admis, mais subit l'inverse de ce qui a été dit ci-dessus.

4. La perte se joue en douze points.

III. — Parties des blouses défendues.

1. Cette partie se joue en huit points.

2. Elle consiste à indiquer à chaque coup la blouse ou les blouses dans lesquelles il est interdit de faire bille, à peine de perdre deux points.

3. Les billes faites dans les blouses non condamnées se comptent comme à la partie ordinaire.

IV. — Partie des cinq blouses.

1. Elle ne peut se faire qu'entre deux joueurs de force inégale, et le plus fort rend à l'autre cinq blouses, dans lesquelles celui-ci peut faire tous ses points, tandis qu'il n'en garde qu'une pour lui.

2. Il y a perte de deux points pour celui

des deux qui fait bille dans la blouse ou les blouses de son adversaire.

3. La perte dans leurs blouses respectives compte aux joueurs aussi bien que les billes faites. Mais si cette perte a lieu par manque de touche, elle compte deux points pour l'adversaire.

4. La partie des cinq blouses se joue en dix points.

V. — Partie du contre.

1. Les billes faites et les pertes comptent à l'adversaire.

2. Il faut tout bonnement chercher à rencontrer la bille de son adversaire après qu'on lui a fait toucher une ou plusieurs bandes.

3. Le contre est valable également quand on a fait toucher préalablement les bandes à sa propre bille.

4. Le contre a la valeur de deux points et la partie se joue en dix.

Nota. — Toutes ces parties appartiennent à la catégorie de celles dites de commande. (Voyez ce mot, page 3.)

PARTIE DE LA POULE.

La poule est le jeu auquel peuvent prendre part le plus grand nombre de joueurs. Aussi est-ce celui préféré dans les réunions privées et imposé dans les cafés afin de rendre le billard accessible à tout le monde.

Poule à deux billes.

1. Lorsque la poule est demandée par le nombre de joueurs spécifié à l'article 26 du code du billard et que la partie en cours d'exécution est achevée, le maître ou le garçon de la maison annoncent la poule à haute voix et font déposer les mises sur le tapis. Ils préparent autant de billes numérotées qu'il y a de mises, les mettent et les mêlent dans un panier *ad hoc,* appellent les joueurs autour du billard, arrêtent les conditions de la poule et distribuent les boules une à une, en commençant par la droite.

2. Après le tirage des numéros, personne n'a plus le droit d'entrer à la poule, mais il est admis et d'usage presque partout de laisser au chef ou au garçon, jusqu'à la fin du premier tour, une ou deux billes en réserve,

qu'on ne peut leur acheter qu'à condition de subir la marque d'un point, s'il y a eu bille faite ou perte pendant le premier tour. Les deux nouveaux entrants prennent la suite des numéros tirés, mais peuvent eux-mêmes tirer au sort leur position respective.

3. Le premier joueur donne un acquit qui se renouvelle toujours par le joueur venant après une bille faite, une perte ou un manque de touche. Mais quand il ne reste plus que deux joueurs à la poule, cet acquit est donné naturellement par celui à qui a profité le point.

4. L'acquit doit dépasser les blouses du milieu et être donné, dans tous les cas, avec la queue. Toutefois, s'il arrive qu'il ne soit pas dans les conditions voulues ou qu'il ne plaise pas au joueur, l'usage lui permet de placer sa bille sur la mouche de la pénitence.

5. La poule se joue en un, deux et trois points au plus. Une bille faite, une perte ou un manque de touche déterminent ce point. Et lorsqu'un joueur est fait, se perd ou manque de touche, le garçon l'annonce par son numéro. *Tel numéro : une fois,* ou *deux fois, ou mort.* Puis il appelle à jouer le numéro suivant.

6. Le point se marque après toute bille faite à celui qui venait de jouer le coup pré-

cédent, au joueur lui-même après une perte, un manque de touche ou le saut de sa bille. Quant au saut de la bille jouée, il compte comme bille faite.

7. Tout joueur en main doit observer rigoureusement la règle des six pouces ou se maintenir au moins sur la ligne du quartier.

8. Chaque joueur ne joue qu'à son tour et d'après l'ordre de son numéro, mais on peut *prendre à faire,* c'est-à-dire jouer hors du tour autant de fois qu'on veut, à condition de faire bille, sous peine de perdre un point.

9. Chacun de ces coups hors de tour doit être rigoureusement annoncé par le joueur lui-même et en ces termes : *Je prends à faire*. Et si plusieurs joueurs accusent cette intention, le droit de jouer appartient au premier réclamant. Si cette réclamation collective est faite par tous les réclamants à la fois, le sort en décide.

10. Celui qui joue hors de tour sans avoir annoncé qu'il prenait à faire perd un point dans tous les cas. Mais s'il fait bille, on en marque un également au propriétaire de la bille.

11. Les coups pris à faire n'intervertissent en aucune manière l'ordre du jeu. Mais ils deviennent un avantage pour le joueur dont

on a usurpé la bille, par la raison que son tour se trouve annulé.

12. Quand il ne reste plus que deux joueurs à la poule, ils ont le droit ou d'en partager les bénéfices ou de la remettre. Mais cette remise ne peut se faire qu'une fois, de même qu'elle ne doit pas excéder le nombre de points fixés pour la poule.

13. La poule se joue au doublet aussi bien qu'au même, et alors le même y compte comme perte. Mais les règles ci-dessus doivent y être strictement observées.

14. Toute discussion à la poule se juge d'après les termes de l'art. 25 du Code général.

THÉORIE.

La poule est un jeu très-sérieux et encore plus difficile. On ne doit même pas la jouer si l'on n'est que d'une force médiocre au billard, car elle exige beaucoup de précision et une habitude soutenue de l'exercice du jeu. Toutefois, tout joueur qui n'est pas sûr de lui-même doit ne s'appliquer qu'à placer ou laisser sa propre bille dans les positions les plus désavantageuses pour le joueur qui vient après lui, en cherchant également à ramener la bille de ce dernier dans les coins ou près des bandes. Il ne doit essayer de faire bille qu'à coup sûr, ne jamais prendre à faire et tâcher, par des coups nuls, de se conserver le plus longtemps possible, dans l'espoir de n'avoir plus affaire vers la fin de la poule qu'à des joueurs de sa force, et acquérir par là plus de chances de la gagner.

Poule à trois billes.

La poule à trois billes se joue selon les règles ci-dessus, mais avec l'adjonction de la rouge. C'est la partie la plus communément jouée dans les maisons particulières.

1. La rouge se met sur le point comme au même et demeure inviolable. Par conséquent, tout joueur qui la touche ou la dérange avec sa bille ou celle jouée, soit en donnant l'acquit, soit dans le cours de la partie, perd un point.

2. La rouge une fois dérangée doit rester à la place où elle est et ne se replacer sur le point que lorsqu'elle est tombée dans une blouse. La remettre sur le point à chaque fois qu'il y a un nouvel acquit serait contraire à la règle de cette partie et en détruirait le but principal, qui est d'augmenter les difficultés du jeu par les positions différentes d'une troisième bille à laquelle on ne doit pas toucher.

Guerre ou Poule à toutes billes.

1. Cette partie se joue avec des billes numérotées en nombre égal à celui des joueurs.

2. Les billes se font au même, au doublet ou à la blouse défendue, en jouant toujours sur la plus éloignée ou la plus rapprochée, selon qu'on est convenu. Mais il faut avoir bien soin de désigner cette bille à chaque coup, afin d'éviter toute discussion.

3. C'est le joueur inscrit sous le numéro de la bille faite ou perdue, ou qui a manqué de touche, qui est marqué.

4. L'acquit se donne seulement au commencement de la partie ou quand il n'y a plus de billes à faire pour le joueur qui tient la queue.

5. Dans aucun cas, on ne peut ôter ni déranger une bille qui gêne, à peine de perdre un point.

6. La poule à toutes billes se joue à suivre.

LA PYRAMIDE.

1. Cette partie se joue avec seize billes, une rouge et quinze blanches.

2. Les quinze blanches sont placées en triangle ou pyramide renversée par rapport au joueur qui commence, sur la mouche où se met habituellement la rouge et dans l'ordre suivant : 5, 4, 3, 2 et 1.

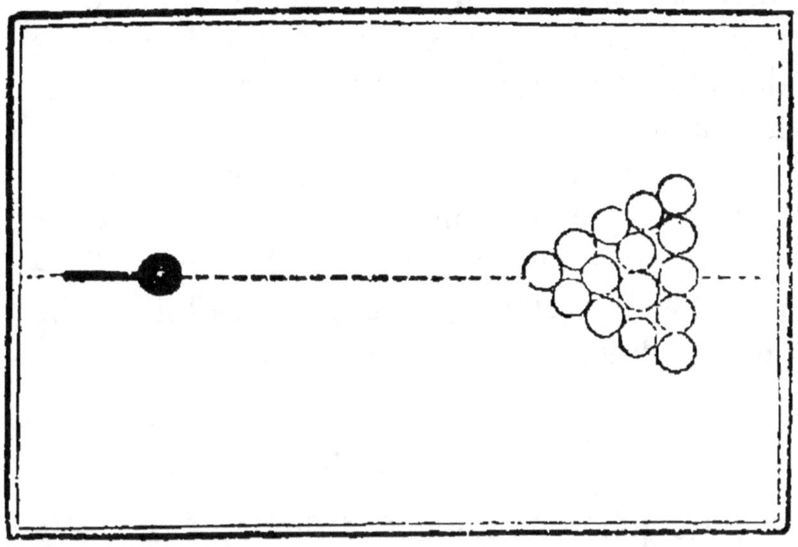

3. Le joueur qui commence et tout ceux qui le suivent ne jouent qu'avec la rouge devenant ainsi la bille de tout le monde.

4. Il n'y a pas d'acquit à cette partie, le jeu consiste à faire le plus de billes blanches possibles, soit au même, soit au doublet, ce qui est d'autant moins difficile qu'on a le choix et qu'on joue à suivre.

5. A toutes les fois qu'on se perd ou que

l'on manque de touche, on est tenu de rendre une des billes qu'on a faites, et cette bille se place auprès de l'une ou de l'autre des deux petites bandes indistinctement.

6. Le joueur qui, dans ce cas, n'a fait encore aucune bille, est porté débiteur de celles qu'il vient de perdre, et s'il ne les rapporte pas dans le cours de la partie, il en paye la valeur à la fin.

7. Lorsqu'il n'y a plus que deux billes sur le tapis, une blanche et la rouge, tous les joueurs en se succédant jouent l'un après l'autre alternativement, et la dernière bille faite compte double.

THÉORIE.

Cette partie n'est pas difficile, mais elle exige beaucoup d'attention.

La plupart des joueurs jouent le premier coup sans but pour ainsi dire, attendu que les billes disposées en pyramide n'offrent aucune prise certaine, ceci est vrai.

Mais les joueurs qui annulent ce premier coup en jouant doucement et de manière seulement à ne pas manquer de touche, ignorent qu'ils renoncent ainsi, au profit des autres joueurs, au bénéfice des probabilités qu'ils peuvent chercher dans ce premier coup, en jouant fort sur les billes de côté ; sur cinq coups, il est rare qu'on ne réussisse pas au moins deux fois à *raccrocher* (nous employons ce mot consacré par l'usage) quelque bille dans les coins du haut, même parfois dans les blouses du milieu.

Liquidation de la partie.

La pyramide se joue purement et simplement à qui fera le plus de billes, et alors celui qui en fait une ou deux est toujours sûr de ne pas perdre, si même il ne gagne ; ou bien en partie composée, et dans ce cas, il s'établit entre les joueurs, à la fin de chaque partie, une comptabilité dont voici les bases :

Les billes sont cotées à tant ; si le nombre de celles qu'on a faites, multiplié par le nombre des joueurs qui n'ont rien fait, n'excède pas 15, on ne prend aucune part au partage. Si au contraire le produit excède 15, on a droit au partage par distribution de toutes les billes y compris la sienne, et la répartition se fait naturellement, par une règle de proportion calculée sur l'excédant de 15.

DES QUILLES.

1. Les quilles ne sont point un jeu spécial et peuvent être admises comme accessoires, dans toutes les parties, excepté la poule et celles qui exigent plus de trois billes.

2. Le nombre des quilles ne doit pas excéder cinq, y compris celle du milieu, dite : le roi.

3. Cette dernière se met sur la mouche du milieu, et les quatre autres sont disposées en carré autour d'elle de manière à ce qu'il y ait le passage d'une bille entre chacune.

4. Les quilles des quatre coins comptent pour 1. Celle du milieu tombant avec d'autres, pour 2, mais pour 9 quand elle tombe seule.

5. Au même et au doublet les quilles ne comptent que lorsqu'elles sont renversées par la bille du joueur ; et à la partie italienne où on les emploie le plus communément, il faut qu'elles soient renversées, pour être valables, par la blanche de l'adversaire.

6. On peut admettre à ce jeu toutes les modifications que l'on veut, attendu que ce n'est qu'une partie de convention.

Parties à trois et à quatre joueurs.

1. Toutes les parties qui se jouent habituellement à deux joueurs peuvent se jouer également à trois et quatre.

2. A trois on joue à suivre (en ce qui concerne les joueurs) ou bien à sortir et rentrer aux points faits.

Dans le premier cas, les joueurs se succèdent sans interruption; dans le deuxième, il y en a toujours en dehors, et qui ne rentrent qu'après que l'un ou l'autre de ses adversaires a fait bille ou s'est perdu.

3. Aussitôt après que s'est retiré le premier gagnant, toute les billes doivent être remises sur le point afin que celui-ci ne puisse pas favoriser, en lui laissant du jeu, le joueur qui lui succède.

4. Le premier gagnant d'une partie à trois peut le devenir après avoir atteint un nombre de points inférieur à celui fixé pour les deux autres joueurs.

5. La partie à quatre est soumise aux mêmes règles que celle à 2, si ce n'est que les partenaires alternent entre eux toutes les fois qu'ils se perdent ou que leurs adversaires font des points.

6. A trois comme a quatre, un manque de touche doit faire sortir le joueur, et rentrer celui qui est dehors.

CONCLUSION.

Peut-être, avec l'espace, aurions-nous fait un traité du billard plus développé, plus clair même, quant aux détails, mais nous répétons au lecteur ce que nous avons dit au commencement de ce livre :

Ce n'est point en étudiant les coups figurés sur nos petits carrés ainsi que sur les pancartes des marchands de billards qu'on apprendra à jouer, c'est en s'exerçant.

Malgré son cadre, ce petit traité contient tous les documents voulus pour apprendre la règle et la théorie particulières à chaque jeu. Les figures y étaient nécessaires aussi, mais elles ne viennent qu'à l'appui du texte. Qu'on les étudie donc, qu'on lise, qu'on se rende compte de tout, et surtout qu'on le mette en pratique, ce sera le moyen d'acquérir la science du jeu de billard.

RÈGLES DU JEU DE PAUME.

La paume, ou *courte paume*, se joue dans une vaste salle en forme de carré long, ayant entre le sol et la voûte de quinze à vingt mètres de hauteur, et traversée au milieu, dans sa longueur, par une corde garnie d'un filet. D'un côté est une espèce d'auvent qu'on nomme le toit ; à l'extrémité de ce toit se trouve un trou pratiqué dans la muraille, trou que l'on nomme *la lune*.

On se sert, pour jouer, de raquettes très-fortes et de balles ordinaires.

Le but du jeu est d'atteindre d'une manière plus habile ou avec plus de promptitude que son adversaire le but qu'on se propose et donner à sa balle un élan plus étendu, plus vif ou plus précis.

On nomme *chasse* le point où tombe la balle lancée par un joueur.

Des *marqueurs*, c'est-à-dire des garçons spéciaux du jeu de paume, sont chargés de marquer les chasses, c'est-à-dire la distance parcourue par la balle de chaque joueur.

La paume se joue ordinairement à deux,

quelquefois à quatre; voici les principales règles :

1. La partie de paume se joue ordinairement en quatre jeux; chaque jeu se compose de soixante points; les points se prennent par quinze.

2. La corde étant tendue à une hauteur telle que le joueur puisse voir le haut du mur de l'autre bout du jeu, et les conventions particulières étant faites, on tire au sort à qui le premier sera dans le jeu. Il n'est pas permis, en poursuivant une balle, d'élever la corde.

3. Celui qui n'est pas dans le jeu sert la balle; l'autre la frappe et la renvoie, et ainsi de suite, en observant que la balle peut toujours être relevée au premier bond, mais non aux autres. Ainsi le marqueur marque la balle au point où elle tombe après le premier bond, il annonce alors qu'il y a chasse et le nombre des carreaux qu'elle a franchis, en ajoutant : *A tel carreau la balle gagne.*

4. Le but que se propose chaque joueur est de gagner les chasses ; en conséquence, les chasses étant tirées, les adversaires changent de position, afin que celui qui a fait les chasses puisse les défendre contre celui qui se propose de les gagner en poussant la

balle, après ou sans riposte au delà du point marqué pour chaque chasse.

5. Lorsque le joueur étant servi donne chasse, et que, par suite de riposte, la balle vient tomber et mourir de son côté, en deçà de la corde, il perd quinze points. Chaque chasse marquée lui vaut quinze, s'i la gagne, et quinze à l'adversaire, dans le cas contraire.

6. Celui qui sert la balle peut servir d'abord pour essai; mais dès qu'il a dit : *Y êtes-vous,* et qu'on lui a répondu affirmativement, le coup est bon.

7. Lorsque celui qui sert la balle la pousse sur l'ais de volée ou dans la lune, il gagne quinze points, ce qui n'empêche pas le coup de se continuer.

8. Un joueur peut faire à son adversaire un avantage de quinze points, qui est le moins que l'on puisse prendre, et même de moitié, ce qu'on appelle bisque; c'est-à-dire que, dans ce cas, gagnant deux fois, on ne compte que moitié.

9. Le joueur qui, de quelque partie de son corps, touche la balle que l'on a jouée, perd quinze points.

10. La balle qui donne entre la corde et le filet, ou contre le poteau, ne vaut rien.

11. Celui qui, en servant, ne pousse la balle que sur le bord du toit, doit recommencer ; le coup est nul.

12. Lorsqu'un joueur fait une chasse de trop, la dernière est nulle, et tout le coup est nul également, quand même le servant aurait mis la balle dans le trou.

13. Une balle qui frappe un marqueur ou tout autre employé du jeu, doit être marquée à l'endroit où se trouve la personne frappée ; mais si la personne frappée est étrangère au jeu, la balle se marque où elle va.

14. Si, lorsqu'on joue sur une chasse, la balle tombe précisément à la même distance que cette chasse, le coup est nul, et l'on recommence.

15. Celui qui, en faisant une chasse ou en jouant sur une chasse, met dessous, c'est-à-dire ne pousse pas la balle au delà de la corde, perd quinze points

FIN.

Imp. de Pillet fils aîné, r. des Gr.-Augustins, 5.

PASSARD

Libraire-Editeur, 7, rue des Grands-Augustins, à Paris.

———

PETITE ENCYCLOPÉDIE RÉCRÉATIVE, FORMAT IN-32
A 1 FR. 50 C. LE VOL., FRANCO.

Un million de Plaisanteries, calembours, etc.........	1 vol.
Un million de Bêtises et de traits d'esprit............	1 vol.
Un million d'Enigmes, Charades et Logogriphes.....	1 vol.
Un million de Calembours............................	1 vol.
Le baron de Munchhausen...........................	1 vol.
Encyclopédie des Proverbes français.................	1 vol.
La Fleur des Proverbes français, par Duplessis....	1 vol.
Le Presbytère. — Élisa et Widmer, par Topffer....	2 vol.
Physiologie du Goût, par Brillat-Savarin............	1 vol.
Le Siége de la Rochelle, par Mme de Genlis.....	1 vol.
Contes des fées, par Perrault, d'Aulnoy, etc.	1 vol.
Fables complètes de La Fontaine...................	1 vol.
Fables de Florian, Arnault, Aubert, Barbe, etc.....	1 vol.
Encyclopédie bouffonne, Pensées d'un emballeur...	1 vol.
Un million de Bouffonneries, par Commerson......	1 vol.
Histoires drôlatiques de Napoléon Ier, etc.........	1 vol.
One million of Comic anecdotes (en anglais).........	1 vol.
Lettres de Sévigné (nouveau choix annoté)..	1 vol.
Bibliothèque épistolaire : Lettres de Ninon, Mmes de Maintenon, de Caylus, de Villars, de Coulanges, etc., complément de Sévigné....	1 vol.
Théâtre bouffon : Choix de pièces comiques......	1 vol.
Bibliothèque des calembours......................	1 vol.
Bibliothèque des jeux de cartes, Piquet Whist, etc.	1 vol.
Paul et Virginie. — La Chaumière indienne, etc.	1 vol.
Œuvres complètes d'Hégésippe Moreau.............	
Œuvres choisies de Gilbert........................	1 vol.
Biographie des auteurs morts de faim............	
Manuel du Devin et du Sorcier, etc.	1 vol.
Le Livre de Thot ou jeu de la princesse Tarot (les 78 tarots égyptiens). Atlas du Manuel du Devin et de l'Art de tirer les Cartes. Figures noires......	3 fr.
Le même, figures coloriées...........	4 fr. 50

CYPRIEN ROBERT
Professeur de littérature slave au Collége de France.

LE MONDE GRÉCO-SLAVE.

Ire partie : **Les Slaves de Turquie.** 2 volumes in-8°..   10 fr
2e partie : **Le Monde Slave, Russe, Polonais, Bohême et Illy-**
rien. 2 volumes in-8o...............................   10 fr
La Pologne. 1 volume in-4o...........................   5 fr

M. BOITARD.

Guide-Manuel de la bonne compagnie, du bon ton et de la po-
litesse. I vol. Charp. Nouv. édit., revue et augm.   3 fr

MARC DEFFAUX.

Manuel des propriétaires et des usufruitiers, usagers, loca-
taires et fermiers; encyclopédie des lois des bâtiments e
des lois rurales de la France. I v. Charp. de 712 pages. 6 fr
Guide-Manuel général du garde champêtre et du messier, o
Traité raisonné de leurs fonctions. I vol. Charp...   3 fr
Cet ouvrage, honoré de la souscription de Son Excellence
M. le ministre de l'intérieur et de la recommandation de
M. le préfet du Pas-de-Calais, est tellement remarquable e
supérieur à tout ce qui a été écrit sur la même matière, qu'i
défie toute espèce de comparaison avec les ouvrages du mêm
genre.

Mme DE BAWR.

Soirées des jeunes personnes. 1 vol. Charpentier..   3 fr.
Ouvrage couronné par l'Académie française.   -

LOUIS DE NOYERS.

Les Aventures de Robert-Robert. 2 vol. Charpentier.   6 fr
Jean-Paul Choppart. I vol. Charp., orné de vignettes.   3 fr.

BIBLIOTHÈQUE COMMERCIALE. In-12.

Guide-Manuel de la tenue des livres de commerc. 1 v.   1 fr
Manuel-Barême de l'escompte, ou calculs faits des intérêt
depuis un franc jusqu'à un million. 1 volume.   1 fr
Manuel de législation et de jurisprudence commerciales, ou
Traité raisonné des droits et des obligations des commer-
çants, commis et ouvriers industriels. I volume..   I fr
Ces trois ouvrages se vendent également en un seul vol.
sous le titre de *Bibliothèque commerciale.* Prix des 3 volumes réunis.....................................   3 fr

LOUIS DELANOUE.

Guide-Manuel des propriétaires et locataires de bâtiments et
des entrepreneurs, constructeurs et maçons. In-18.   1 fr.
Guide-Manuel des propriétaires et fermiers de biens ruraux et
des domestiques, gens de travail et journaliers. In-18.   1 fr.
Les deux volumes ci-dessus, réunis en un seul...   2 fr.

BUTRET, THOUIN, BOITARD, ETC.

Manuel de la culture, de la taille et de la greffe des arbres
fruitiers, par Butret, Thouin, etc.; édition illustrée, par
M. Boitard, de 14 gravures sur bois représentant 67 sujets
de taille ou de greffe. 1 volume in-18..... ......   1 fr.

CH. CHARONVILLE et L. DUPRÉ.

Manuel-Barême du capitaliste, ou Comptes faits de l'escompte à tous les taux, pour toutes les sommes et pour
tous les jours de l'année. 1 volume in-12·........   1 fr.

ALEXANDRE DAVID.

Le petit Lavater français, ou l'Art de connaître les hommes par
la physionomie; édition illustrée de 15 portraits gravés
sur bois. 1 vol. in-18. ....   1 fr.
Le petit docteur Gall, ou l'Art de connaître les hommes par
la phrénologie, d'après les systèmes de Gall et de Spur-
zeim. 1 vol. in-18, illustré de nombreuses grav.   1 fr.
Les deux volumes ci-dessus, réunis en un seul...   2 fr.

J. TRISMÉGISTE.

Merveilles du magnétisme, édit. illustrée de 11 vign. représentant les portraits de Mesmer, Deleuze et Puységur,
le baquet de Mesmer et les différentes manières de ma-
gnétiser. 1 volume in-18.................. ......   1 fr.
Art de tirer les cartes françaises, suivi de l'Explication du
Livre de Thot, ou Jeu de la princesse Tarot (les 78 tarots
égyptiens). 1 vol. in-18, illustré de 90 gravures...   1 fr.
Pour l'Atlas, voir à la page première le *Livre de Thot*.

BIBLIOTHÈQUE DES CALEMBOURS
À 50 C. LE VOL. IN-32.

La Fleur et les Mille et un Calembours, illustrés....   1 vol.
Trésor et galerie de calembours, illustrés ....   1 vol.
Jardin des calembours et Musée drôlatique, illustrés   1 vol.

L'Art d'expliquer les songes, ill. 1 v. gr. in-32 de 128 p.   40 c.

184

———————————

Typographie de Pillet fils aîné.